D1495704

Platon

Apologie de Socrate. Criton. Phédon.

Traduit du grec par
Léon Robin et M.-J. Moreau
Préface de
François Châtelet

Gallimard

Préface

La figure de Socrate est au centre de la réflexion grecque ; elle est restée pour la pensée moderne une stimulation majeure, puisque Kierkegaard aussi bien que Nietzsche l'instituent comme référence décisive. Ce que fut Socrate, cependant, ce qu'il a effectivement enseigné, ce qu'il a projeté et ce qu'il a réalisé, nous ne le savons et ne le saurons jamais. Socrate n'a jamais rien écrit. L'histoire de la métaphysique occidentale commence par une énigme. Le fondateur se dérobe : il définit le champ d'une parole qui se veut définitive, mais ennemi de tout livre, de toute bible, il se refuse à en fixer les termes. Ce n'est pas seulement qu'il veuille être « question », contingente, indéterminée, insistante ; c'est qu'initiateur du discours authentique, il pressent que, pivot, l'écrit est aussi ruse et perte, qu'il risque constamment de transformer l'acte de pensée en exercice logique et l'être de parole en animal rationnel. Socrate, qui parle, déteste et débusque la sottise ; les interprètes de Socrate, qui écrivent, ne connaissent plus que l'erreur *. La philosophie est en route...

* Cette opposition a été développée par M. Gilles Deleuze.

Socrate nous est connu, principalement, par quatre témoignages : trois d'entre eux sont directs, ceux d'Aristophane, de Platon et de Xénophon ; le quatrième est dérivé : Aristote, qui est né une quinzaine d'années après la mort du maître, reconstitue les éléments de sa doctrine à partir d'informations de seconde main. Avec Aristote, Socrate est déjà dans l'« histoire de la philosophie ». Or, les témoignages de ceux qui l'ont connu ne sont guère concordants. Pour Aristophane, Socrate est un va-nu-pieds bavard qui, profitant du désordre civique qu'a introduit le régime démocratique et le désarroi qu'engendre l'interminable guerre contre Sparte, s'impose à la jeunesse athénienne par ses inventions aberrantes et par ses vantardises. Quoi qu'il en dise, il est, aux yeux du poète comique, un sophiste parmi les autres, un de ces intellectuels « au langage sonore », qui, « disciples de la langue », prennent plaisir à troubler les esprits par leurs raisonnements captieux et pervers. Dans les Nuées — pièce qui fut représentée en 423 —, il apparaît comme un de ces pseudo-penseurs, responsables des troubles publics et privés qui accablent la Cité : tantôt, il circule dans une nacelle, entre ciel et terre, pour mieux observer les astres ; tantôt, il s'interroge sur la relation exacte existant entre la longueur des pattes des puces et la portée de leur saut. Ses spéculations sont à la fois absurdes et dangereuses, dangereuses parce qu'elles détournent sciemment les jeunes gens de leurs vraies tâches et de leurs vrais plaisirs. La comédie s'achève par un appel au meurtre, qui préfigure l'événement qui eut lieu moins d'un quart de siècle après : lors d'une scène à grand spectacle, le « pensoir », où se réunissent le maître et ses disciples, est incendié par le peuple retrouvant, enfin, son bon sens...

Le Socrate d'Aristophane est amusant; celui de Xénophon est ennuyeux. Dans les Mémorables — *texte qui, notons-le, fut rédigé vingt ans après la mort de Socrate —, le pieux auteur de la Cyropédie présente un Socrate aimable, éperdu de sens commun, toujours prêt à peser le pour et le contre, calculant en matière de morale comme un bon fermier ou un général sérieux doivent procéder en leurs affaires. Se dessine l'image banale du philosophe détaché des biens de ce monde, modéré en toute chose et partisan de l'honnête appréciation empirique, du bon respect des dieux et de la citoyenneté légitime. Historien médiocre, Xénophon est un mémorialiste suspect...*

Hegel disait que s' « il n'y a pas de héros pour son valet de chambre », *ce n'est pas à cause du héros, mais à cause du valet de chambre. Aristophane et Xénophon sont, chacun à sa façon, les valets de chambre de Socrate. Pour Platon, Socrate n'est pas seulement le héros qui a poussé jusqu'à ses conséquences ultimes cette décision:* prendre la parole au sérieux, *il est celui qui a inventé, jour après jour, dans une confrontation sans cesse reprise, la* « droite philosophie ». *La lettre VII — dont l'authenticité n'est plus guère contestée — est révélatrice. Comme tous les gens de son milieu, l'aristocrate Platon entendait assumer pleinement ses responsabilités de citoyen: il était prêt à faire de la politique. Sans doute l'activité factieuse de son oncle Critias le plaça dans une situation difficile. Mais le fait décisif fut la condamnation à mort et l'exécution de celui dont il avait pu juger qu'il était* « le plus juste des Grecs ». *Que Socrate meure et qu'il meure criminel, c'est là le scandale que nul homme raisonnable ne doit pouvoir accepter! Ce à quoi il faut se préparer — et la droite philosophie en fournit le moyen —, c'est à définir un ordre de la pensée et de l'activité tel que jamais aucun Socrate ne puisse être tenu pour fou ou pour criminel ; c'est à vouloir la raison, dont le maître a défini polémiquement, négativement, les principes. Platon s'attache, d'abord, dans ses premiers dialogues, à reprendre cet enseignement contestant, qui pousse dans ses derniers retranchements la certitude commune, bavarde, riche d'exemples et de faits et qui doit avouer bien vite son obscurité et sa confusion, sitôt qu'on lui pose des questions précises. Il retrace, aussi, le geste héroïque du maître qui, contraint à un procès politique, plaide en philosophe et meurt en sage (ici, sage = celui qui sait). Son œuvre ultérieure, comme fondateur de l'Académie, il la construit comme prolongement, comme vérité de la leçon socratique. L'Apologie de Socrate — compte rendu du procès en impiété (sous le chef d'accusation d'insulter les dieux de la Cité et de pervertir la jeunesse) intenté à Socrate en 399 —, le Criton — présentation d'un entretien que le maître eut avec un de ses disciples qui avait tout préparé pour le faire évader peu avant son exécution —, le Phédon — analyse dramatique des derniers entretiens de Socrate avec ses amis, au moment même où il allait mourir —, ces trois dialogues « historiques » définissent le moment philosophique par excellence : celui où Platon, rapportant en les organisant les discours ultimes de Socrate, y découvre, comme nécessité inhérente à la culture, à la société humaine, inscrite dans les paroles, mais aussi entre les paroles, l'exigence de l'investigation théorique comme telle.*

Socrate est mort en 399. Il avait soixante-dix ans. Il est né à Athènes, dans le dème d'Alopèce. Son père,

Sophronisque, était artisan sculpteur ; sa mère, Phé-narétè, sage-femme. Il reçoit l'éducation des jeunes gens d'alors : il apprend à lire et à écrire ; il s'exerce à la musique, à la gymnastique, à l'art militaire ; il commente Homère et les poètes gnomiques. Sa jeunesse, il la passe à l'« Age des Lumières » de la Grèce. Athènes est florissante : à l'intérieur, le régime que dirige Périclès a institué une démocratie équilibrée qui, sans contester la jouissance des riches, associe le peuple au développement de la Cité et assure à chacun le libre exercice de la citoyenneté ; à l'extérieur, la ville de Pallas s'est construit un empire qui lui procure des revenus importants et manifeste sa puissance. L'Acropole, que les Barbares avaient détruite, s'enrichit bientôt de temples admirables ; Hérodote, l'historien, compose son récit, où sont exaltées, en deçà des volontés divines, les décisions profanes des hommes ; Eschyle construit, selon la tradition, une mythologie nouvelle qui fait descendre le sacré sur la terre ; Sophocle donne aux débats politiques la grandeur et l'ampleur de la vieille tragédie.

Plus intéressante que l'ordre des dieux, la volonté de l'homme-citoyen s'impose. L'Olympe s'éloigne ; on le respecte déjà comme au-delà ; les affaires se traitent sur la place du marché, où s'échangent les informations : sur la Pnyx où, au sein de l'Assemblée du peuple, chacun peut dire ce qu'il pense. Socrate a trente ans : la réussite athénienne paraît complète. Samos, qui voulait sortir de l'empire athénien, a dû capituler devant la puissance de la Ville. L'équilibre, toutefois, est précaire. En moins de dix ans, tout se gâte... Socrate a-t-il exercé jusqu'à cette époque le métier de son père, dans la tranquillité d'un homme de métier ? N'est-il venu à la réflexion qu'à l'occasion des désordres et des menaces

qui gagnent la Cité ? L'hypothèse en a été soutenue.
Elle est peu vraisemblable. Très tôt, semble-t-il, Socrate
s'intéresse aux choses de l'Esprit ; il prend connaissance, directement ou indirectement, des doctrines qui
animent alors la pensée : celle des sectes pythagori-
ciennes, celle de Parménide, d'Héraclite, d'Anaxagore ;
il est en contact avec l'enseignement des sophistes, ces
hommes qui, répondant aux besoins de la démocratie,
ont ouvert des écoles de rhétorique où ils apprennent,
à quiconque veut bien payer, à soutenir avec habileté
n'importe quelle cause. Lorsque les malheurs surviennent, il est prêt à jouer le rôle de la « torpille », de l'exci-
tateur qui, inlassablement, cherche à déceler les causes
et les raisons des bévues commises.

Marié à Xanthippe — que toute la tradition nous
présente comme acariâtre —, père de trois enfants, il
n'apparaît pas que les problèmes familiaux l'aient
jamais vraiment préoccupé ; pas plus que les problèmes
économiques personnels. Il est un citoyen exigeant,
cependant. Il se bat au siège de Potidée, au début de
la geurre du Péloponnèse, et s'y conduit héroïquement.
A la bataille de Délion, où les Athéniens sont écrasés, il
organise la retraite et, par son calme, redonne du courage
aux vaincus et leur évite un désastre plus grave encore.
Il se bat sous les murs d'Amphipolis. Plus tard, lors du
procès stupide que les intrigues des démagogues inten-
tent aux généraux responsables lors de l'affaire des
Arginuses, il exige, avec véhémence, que la lettre de la
loi soit respectée. Cinq ans avant sa mort, alors que
les Trente Tyrans exercent leur pouvoir sur Athènes,
il refuse, au risque d'y perdre la vie, d'exécuter un
ordre inique.

Cette conduite exemplaire — cette mesure qui le
met à l'écart des entraînements passionnels qui empor-

tent les meilleurs des Athéniens en proie au « vice démocratique » (une démocratie devenue démagogie) — ne suffit point à le mettre à l'abri du ressentiment populaire. Le peuple, jouet tout-puissant de ceux qui le flattent, avait déjà manifesté, en maintes circonstances, son hostilité aux intellectuels. Avec la défaite — consommée en 404 —, les « procès en impiété », se multiplient. Selon une tradition qui n'a cessé de se renforcer, l'opinion publique attribue aux penseurs qui, pourtant, se sont attachés à dénoncer ses bévues, la responsabilité des échecs. Athènes vaincue, c'est tous ses intellectuels qu'il faut condamner. Peu importe que Socrate ait dénoncé l'enseignement « démoralisant » des sophistes et qu'il ait, par souci de l'universalité vraie, mis en question la fausse universalité démocratique. Peu importe qu'il ait été un citoyen hors pair... Le désarroi des Athéniens, accablés par une défaite navrante et incapables de faire le départ entre la propagande des sophistes et la leçon socratique, jette Socrate dans un procès où, d'entrée de jeu, il ne peut qu'être perdant. Volontairement, car toute autre issue contredirait à ce qu'il n'a jamais manqué de vouloir : la reconnaissance de la parole légitimée comme juge, au-delà de la passion et de l'intérêt, au-delà de la banalité de l'empire.

Socrate, en ironisant sur ses juges dans l'Apologie, en refusant l'exil dans le Criton, en donnant une leçon théorique à ses amis dans le Phédon, ne se sacrifie pas (dans l'éventualité de quelque révélation ultérieure qu'il y aurait à imiter). Il fonde l'exercice de la philosophie ; il en impose les principes. Il définit, non un modèle empirique — descendu mystérieusement ici-bas — qu'il y aurait à recopier du mieux qu'on peut, non un idéal moral — qu'il serait bon que chacun essaie de réaliser —, mais un champ de recherche. Il met en place, contre Anytos, l'ordre de l'intelligibilité... Le Socrate de Platon n'est peut-être pas historiquement vrai ; il est fondateur. Fondateur de la métaphysique occidentale dont nous sommes, consciemment ou non, analytiquement ou dialectiquement, tributaires.

La traduction de ces textes est celle que L. Robin a faite pour les éditions de « La Pléiade » (2 vol., N. R. F., 1940-1942). Les notes que nous y adjoignons s'inspirent très largement de celles que L. Robin a composées à cette occasion.

François Châtelet,

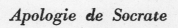

Apologie de Socrate

1. *Exorde.*

(a) Quelle impression ont pu, Athéniens, produire
sur vous mes accusateurs, je l'ignore. Toujours est-il
que, à moi personnellement, ils m'ont fait, ou peu
s'en faut, oublier que je suis moi-même, tant était
persuasif leur langage! Ils n'ont pourtant pas dit,
à bien parler, un seul mot qui fût vrai ; mais ce qui,
chez eux, m'a surpris au plus haut point, dans cette
foule de faussetés, c'est spécialement la recommandation qu'ils vous faisaient, *(b)* de prendre bien
garde de ne pas vous laisser abuser par moi, sous
prétexte que j'ai un grand talent de parole! Pour
ne pas rougir en effet de s'attendre à recevoir de
moi, sur l'heure, un démenti flagrant une fois qu'il
sera avéré que je ne possède pas le moindre talent
de parole, il faut qu'il y ait chez eux totale incapacité
de rougir de rien! à moins que, par hasard, ce que
ces gens appellent avoir ce talent ne consiste à dire
ce qui est vrai. Car, si c'est ce qu'ils veulent dire par
là, sans doute leur accorderai-je, quant à moi, que
je suis un orateur, mais sans comparaison avec eux!
Ces gens-là donc, je le répète, n'ont presque rien dit

de vrai, ou même rien du tout, tandis que, de moi, c'est entièrement la vérité que vous allez entendre. Non, bien sûr, Athéniens, ce n'est pas, par Zeus! un langage élégamment tourné que vous entendrez, ni possédant non plus, comme le leur, *(c)* toutes les parures du vocabulaire et du style, mais plutôt des choses dites à la bonne fortune, dans les termes qui me viendront à l'esprit : c'est que j'ai foi dans la justice des choses que je dis. Que nul d'entre vous ne s'attende à ce que je procède d'une autre façon!

Il n'y aurait en effet, bien certainement, aucune bienséance non plus, Citoyens, à venir me présenter devant vous, à l'âge que j'ai, comme si j'étais un gamin inventant quelque histoire de sa façon. Voici en vérité ce qu'en outre, Athéniens, je vous demande, instamment même, ce que je vous prie de me passer : si vous m'entendez plaider ma cause dans le même langage exactement que j'ai l'habitude de parler, soit sur la place publique, contre les comptoirs des changeurs, où nombre d'entre vous m'ont entendu, soit ailleurs, *(d)* ne vous émerveillez pas pour cela, ne faites pas pour cela de tapage! Car c'est comme cela : aujourd'hui, parvenu à mes soixante-dix ans, voici la première fois que je suis monté à l'estrade devant une cour de justice. A l'égard de la façon de s'y exprimer, je suis donc tout bonnement dans la position d'un étranger : de même, par conséquent, que si je me trouvais être réellement un étranger, vous me pardonneriez de vous parler *(a)* dans le dialecte et avec les tournures auxquels j'aurais été nourri, il est naturel aussi, je le crois du moins, que maintenant je vous demande à bon droit la permission de m'exprimer à ma manière. Peut-être vaudra-t-elle moins, mais, peut-être aussi, davantage. Or,

tout ce que je vous demande de considérer et à quoi
je vous demande de prêter votre attention, c'est si
je dis, ou non, des choses justes! C'est là en effet le
vrai mérite d'un juge, tandis que celui d'un orateur
est de dire la vérité.

2. *Le plan de la défense.*

Cela étant, j'ai le droit, Athéniens, de me défendre :
en premier lieu, contre les premières faussetés dont
j'ai été accusé et contre mes premiers accusateurs ;
(b) en second lieu, contre celles qui se sont produites
plus récemment et contre mes plus récents accusateurs.

Il est de fait que nombre d'accusateurs se sont,
auprès de vous, élevés contre moi, et déjà depuis
nombre d'années écoulées, et ne disant pas un mot
qui fût vrai : accusateurs plus redoutables à mes
yeux que ne le sont Anytos et ceux qui se sont joints
à lui [1], quelque terribles qu'ils soient pourtant eux-
mêmes. Mais ceux-là le sont davantage, Citoyens,
qui ont convaincu la plupart d'entre vous, dont ils
s'emparent depuis l'enfance et dont l'accusation
contre moi consiste à dire, sans plus de vérité, qu'il
existe un certain Socrate, docte personnage, songeur
quant aux choses d'en haut, fouilleur au contraire
de tout ce qu'il y a sous la terre, et qui de la cause la
plus faible fait la cause la plus forte [2]. *(c)* Ce sont ces
gens-là, Athéniens, qui, pour avoir répandu sur mon
compte ces mauvais bruits, sont pour moi les terribles accusateurs! Car, en les entendant, on estime
que ceux qui s'adonnent à ces recherches n'admettent
pas non plus l'action des Dieux [3]. En outre, ces

accusateurs sont un grand nombre, et nombre d'années
se sont déjà passées depuis qu'ils ont commencé de
m'accuser! Qui plus est, c'est dans cet âge où votre
crédulité a chance d'avoir été la plus grande, qu'ils
s'adressaient à vous, quand certains d'entre vous
étiez des enfants ou des adolescents ; accusant par
défaut, tout bonnement, sans qu'il y eût aucun défen-
seur! Mais ce qu'il y a, somme toute, de plus incom-
préhensible, *(d)* c'est que, ces accusateurs, il n'est
même pas possible de les connaître ni de les nommer,
à l'exception d'un seul, un faiseur de comédies précisément! Or, tous ceux qui, par envie et en recourant
à la calomnie, ont réussi à vous convaincre, ceux
aussi qui, une fois convaincus eux-mêmes, en ont
convaincu d'autres, voilà tous ceux qui me donnent
le plus d'embarras, puisqu'il n'est pas possible d'appeler aucun d'eux ici à la barre, ni d'en réfuter aucun ;
puisque je suis bien plutôt tout bonnement forcé,
en me défendant, de me battre, en quelque sorte,
contre des ombres et de réfuter sans que personne
me réponde!

3. *Justification :*

Acceptez donc, vous-mêmes, que j'aie en face de
moi, je le répète, deux groupes d'accusateurs : les
uns, ceux qui tout récemment m'ont accusé ; *(e)*
les autres, ceux dont je dis qu'ils l'ont fait de longue
date. Jugez bon en outre que ce soit à l'encontre de
ceux-ci qu'il me faille en premier lieu me justifier :
c'est que leur accusation est la première que vous
ayez entendue, et avec beaucoup plus d'intensité
que celle d'après!

A. *En réponse aux anciennes accusations :*

Allons, Athéniens ! il me faut donc me justifier, *(a)* tenter de vous retirer de l'esprit l'opinion calomnieuse que, pendant longtemps, vous vous êtes faite à mon sujet, et, en si peu de temps, de vous la retirer ! Sans doute aimerais-je qu'il en advînt ainsi, à condition que cela valût mieux, pour vous comme pour moi, et que je fusse en ce qui me concerne heureux dans ma justification. Mais c'est, je crois, chose malaisée, et il ne m'échappe pas à quel point ! Après tout, que cela aille comme il plaira à la Divinité ! Je dois pour ma part obéir à la loi et présenter ma défense. Ainsi donc, reprenons du commencement *(b)* les origines de l'accusation dont j'ai été l'objet et sur la foi de laquelle justement Mélètos [4] a intenté contre moi la présente action judiciaire. Eh bien ! en quoi consistent les calomnies que débitaient mes calomniateurs ? Faisons comme si, en leur qualité d'accusateurs, ils avaient accompagné leur plainte du serment légal [5] ; il faut donc donner lecture de la plainte : « Socrate est coupable de travailler témérairement à scruter les choses qui sont sous la terre comme celles qui sont dans le ciel, à faire de la cause la plus faible la cause la plus forte *(c)* et d'enseigner à d'autres à en faire autant. » Voilà à peu près de quelle sorte est la plainte. C'est en effet ce que vous avez vu par vous-mêmes dans la comédie d'Aristophane : vous y avez vu un certain Socrate qu'on fait circuler sur la scène, déclarant qu'il s'élève dans les airs [6], et racontant mille sornettes sur des sujets auxquels, ni peu, ni prou, je n'entends rien ! Ce n'est pas que, en parlant ainsi, j'aie la pensée de dénigrer cette science, à

supposer qu'il y ait quelqu'un de savant en ces
sortes de matières : puissé-je n'avoir d'aucune manière
à échapper à semblable grief [7] de la part de Mélètos !

a) *Il est étranger aux recherches physiques;*

Toujours est-il, Athéniens, que ce sont là des
choses auxquelles je suis complètement étranger, *(d)*
et c'est au témoignage personnel de la plupart d'entre
vous que je fais appel, je vous demande de vous
renseigner mutuellement, de déclarer quels sont ceux
qui m'ont entendu jamais discuter là-dessus. Or ils
sont nombreux parmi vous ceux qui m'ont entendu!
Parlez donc, dites-vous les uns aux autres si, parmi
vous, il y en a un qui m'ait entendu jamais, peu ou
prou, discuter de ces sortes de questions! Cela vous
permettra de vous rendre compte, que tout ce qui
se raconte encore généralement sur moi est à l'avenant.

b) *Il ne se fait pas payer comme font les Sophistes;*

Non, voyez-vous, ces griefs ne tiennent pas debout!
Pas davantage, en vérité, n'avez-vous entendu dire
à personne que j'entreprenne de faire l'éducation
des gens *(e)* et que j'exige de l'argent pour cela :
voilà encore qui n'est pas exact! A la vérité, c'est
pourtant une belle chose, à mon sens, d'être capable,
éventuellement, de faire l'éducation des gens, comme
font Gorgias de Léontion, Prodicos de Céos, Hippias
d'Élis [8]. Chacun d'eux en effet, Citoyens, en est capable ; capable, en se rendant dans toutes les villes,

de persuader à la jeunesse, libre cependant de fréquenter gratuitement tel de ses concitoyens qu'il lui plairait, *(a)* d'abandonner ces fréquentations et de les fréquenter, eux, en leur donnant de l'argent et en leur sachant en outre un gré infini d'avoir bien voulu les accueillir ! A ce propos, il y en a aussi un autre, natif de Paros, un savant homme, dont j'ai appris qu'il était chez nous en visite : je me trouvai en effet à me rendre à la maison d'un personnage qui, à lui seul, a versé aux Sophistes plus que tous les autres ensemble, à la maison de Callias, le fils d'Hipponicos. Or, je lui demandais (il a deux fils, vous le savez) : « Callias, disais-je donc, si tes deux fils étaient deux poulains ou bien deux petits veaux, nous serions à même de choisir qui présiderait à leur élevage *(b)* et qui devrait recevoir un salaire pour faire de tous deux des êtres accomplis dans le genre de mérite qui leur appartient : ce serait celui qui préside aux choses de l'écurie ou de l'étable. Mais puisque en fait ce sont deux êtres humains, qui as-tu idée de choisir pour présider à leur éducation ? A qui appartient la connaissance de ce genre de mérite, qui est celui de l'homme et du citoyen ? C'est une question que tu auras examinée, je pense, pour cette raison que tu as des fils : y a-t-il un homme, lui dis-je, à qui appartienne cette connaissance, ou n'y en a-t-il pas ?

— Hé ! absolument ! me répondit-il.

— Qui est-ce ? repartis-je. Quel est son pays ? Combien prend-il pour l'enseigner ?

— C'est Évènos, dit-il ; il est de Paros ; il prend cinq mines [9]. »

Et moi, d'envier la félicité d'Évènos, *(c)* si réellement il possédait cette habileté-là et s'il l'enseignait à des conditions si mesurées ! Personnellement, en tout cas, je me pavanerais, je ferais le difficile, si je possédais cette connaissance ! Mais c'est un fait, Athéniens, je ne la possède pas.

c) L'in-science : enquête de Socrate sur l'oracle de Delphes :

Peut-être cependant y en aurait-il un d'entre vous pour m'interpeller : « Alors, toi, Socrate, qu'est-ce donc que ton occupation ? D'où viennent ces prétendues calomnies dont tu es devenu l'objet ? Car il est bien certain que, s'il n'y avait rien, en vérité, de par trop extraordinaire dans tes occupations, on n'en serait pas venu ensuite à faire tant de bruit sur ton compte, à tant parler de toi ! oui, si tu ne faisais pas quelque chose qui ne ressemblât point à ce que fait la majorité d'entre nous ! Dis-nous donc enfin ce que c'est, pour nous éviter de nous former à la légère notre opinion à ton sujet ! » *(d)* Voilà, à mon avis, ce qu'a bien le droit de dire celui qui tient ces propos, et je m'en vais essayer de vous expliquer quelle est, en fin de compte, la raison qui m'a valu, à la fois d'être appelé comme on m'appelle, et d'être calomnié. Écoutez-moi donc ! Sans doute y en aura-t-il parmi vous pour s'imaginer que je m'amuse. Sachez-le bien cependant : c'est l'entière vérité que je vais vous dire. Si en effet, Athéniens, on m'appelle comme on m'appelle, il n'y a à cela nulle autre raison que l'existence chez moi d'une certaine sagesse. De quelle sorte, s'il vous plaît, est cette sagesse ? Exactement ce qu'est sans doute une sagesse d'homme ; car il y a des chances que, réellement, je sois un sage de cette sorte ! Il est fort possible, d'autre part, que ceux dont je parlais à l'instant, soient des sages d'une sagesse plus haute *(e)* que celle qui est à la mesure de l'homme : autrement, je ne sais pas comment en parler! Or, c'est un fait que moi, je n'ai d'elle aucune connaissance : quiconque le prétend au contraire, dit une fausseté, et il la dit dans l'intention de me calomnier. Ne vous mettez pas, Athéniens, à me faire du tapage, ne me prenez pas non plus pour un hâbleur ; car elle ne sera pas de moi, la parole que je vais prononcer, mais c'est à une autorité qui compte pour vous que je me référerai. En effet, pour ce qui est de ma sagesse, à supposer que j'en aie une, et du caractère de cette sagesse, le témoignage que je produirai devant vous, ce sera celui du Dieu qui est à Delphes. Chéréphon [10] n'était pas, je pense, un inconnu pour vous : *(a)* c'était un de mes compagnons de jeunesse ; à votre égard, un ami du Peuple aussi, qui participa à l'exil que vous savez et qui rentra avec vous dans Athènes. Vous savez également quelle sorte d'homme était Chéréphon, quelle impétuosité il mettait dans tout ce à quoi il se portait. Un jour donc qu'il s'était rendu à Delphes, il eut le front de consulter l'Oracle et (n'allez point, je le répète, mener grand tapage à ce sujet!) de lui demander s'il y avait un homme plus sage que moi. Or, la réponse émise par la Pythie fut qu'il n'existait personne de plus sage! Là-dessus son frère, ici présent, portera témoignage, puisque lui, il est déjà mort.

(b) Considérez maintenant pour quel motif je vous dis ces choses : c'est que je me propose de vous apprendre quelle est l'origine des calomnies dont je suis l'objet. Une fois informé de cette réponse, je me faisais des réflexions de ce genre : « Que peut bien

vouloir dire le Dieu ? Quel sens peut bien avoir cette énigme ? Car enfin je n'ai, ni peu, ni prou, conscience en mon for intérieur d'être un sage ! Que veut-il donc dire en déclarant que je suis le plus sage des hommes ? Bien sûr, en effet, il ne ment pas, car cela ne lui est pas permis ! » Depuis longtemps durait mon embarras sur ce qu'il pouvait bien vouloir dire, quand à la fin, non sans beaucoup de peine, j'en vins à prendre le parti de m'en enquérir en procédant à peu près ainsi.

α) *Auprès des politiques ;*

(c) J'allai trouver un de ceux qui passent pour avoir le plus de sagesse, convaincu que là, plus que partout, je pourrais réfuter la réponse faite à Chéréphon et montrer clairement la chose à l'oracle : Cet homme-là est plus sage que moi ; or toi, c'est de moi que tu l'as affirmé ! Je procède donc à un examen approfondi de mon homme (point n'est besoin en effet de le désigner par son nom : c'était un de nos hommes politiques [11]), et, de l'examen auquel je le soumis, de ma conversation avec lui, l'impression que je retirai, Athéniens, fut à peu près celle-ci : que, selon mon sentiment, cet homme-là avait auprès d'autres, et en grand nombre, auprès de lui-même surtout, une réputation de sagesse, mais point une sagesse réelle. Ensuite je m'efforçai de lui faire voir qu'il croyait sans doute être sage, qu'il ne l'était pas cependant. *(d)* Or, à partir de ce moment, je lui devins odieux, ainsi qu'à beaucoup de ceux qui assistaient à notre conversation. Je

me faisais du moins, tout en m'en allant, ces réflexions:
« Voilà un homme qui est moins sage que moi. Il
est possible en effet que nous ne sachions, ni l'un ni
l'autre, rien de beau ni de bon. Mais lui, il croit qu'il
en sait, alors qu'il n'en sait pas, tandis que moi,
tout de même que, en fait, je ne sais pas, pas davantage je ne crois que je sais! J'ai l'air, en tout cas,
d'être plus sage que celui-là, au moins sur un petit
point, celui-ci précisément : que ce que je ne savais
pas, je ne croyais pas non plus le savoir! » En suite
de quoi, j'allai en trouver un autre de ceux [12] dont
la réputation de sagesse était plus grande encore
que celle du précédent. *(e)* Ce fut aussi chez moi le
même sentiment. Nouvelle occasion de me rendre
odieux à celui-là et à beaucoup d'autres. Après quoi,
je continuais cependant d'aller les trouver les uns à
la suite des autres, me rendant bien compte, non sans
chagrin ni sans crainte, que je me rendais odieux.
Malgré tout, je me jugeais forcé de donner l'importance la plus grande à la parole du Dieu! En avant
donc! puisque j'examine ce que l'oracle veut dire,
allons à tous ceux, sans exception, qui ont la réputation de savoir! *(a)* Oui, par le Chien! (il faut en
effet, Athéniens, que je vous dise la vérité) mon
impression, je l'affirme, fut à peu près celle-ci :
au cours de l'enquête que je faisais suivant la parole
du Dieu, peu s'en fallut que ceux qui avaient la
plus belle réputation, ne fussent, à mon avis, ceux
auxquels il manquait le plus, alors que d'autres, qui
passaient pour valoir moins, étaient davantage des
hommes convenablement doués sous le rapport du
bon jugement.

β) *Auprès des poètes ;*

Évidemment, c'est une obligation pour moi de vous mettre sous les yeux les vicissitudes de mon enquête, comme si c'était pour moi travailler à de prodigieux travaux, de faire en sorte seulement que la réponse de l'oracle devînt à mes yeux impossible à réfuter ! Après les politiques, je fus en effet trouver les poètes : faiseurs de tragédies, faiseurs de dithyrambes, et le reste ; *(b)* convaincu que, auprès d'eux, j'allais me prendre moi-même en flagrant délit de moindre sagesse par rapport à ces gens-là ! Me munissant donc de celles de leurs compositions qu'ils me paraissaient avoir le plus travaillées, je les interrogeais en chaque occasion sur ce qu'ils y voulaient dire, avec l'intention aussi d'apprendre d'eux quelque chose. Or, quelque honte, Citoyens, que j'éprouve à vous dire la vérité, je dois néanmoins vous la dire : guère ne s'en manquait, en effet, qu'à chaque occasion l'ensemble de l'assistance ne parlât mieux qu'eux des poèmes qu'ils avaient eux-mêmes composés ! Il ne me fallut donc, cette fois encore, pour reconnaître ceci, dans le cas des poètes également, *(c)* que ce n'était pas en vertu d'une sagesse qu'ils composent ce qu'ils composent, mais en vertu de quelque instinct et lorsqu'ils sont possédés d'un Dieu, à la façon de ceux qui font des prophéties ou de ceux qui rendent des oracles [13] ; car ce sont là des gens qui disent beaucoup de belles choses, mais qui n'ont aucune connaissance précise sur les choses qu'ils disent. Il m'apparut que c'était dans un état assez analogue que se trouvaient aussi les poètes, et je me rendis compte en même temps que, croyant être, du fait de la poésie, les plus sages des hommes, même pour tout le reste, c'était justement ce qu'ils n'étaient point ! Je m'en allai donc, tirant de mon expérience la conviction que je les surpassais, exactement de la même manière que je surpassais les politiques !

γ) *Auprès des gens de métier.*

Je finis donc par aller trouver les gens de métier. *(d)* Si, en mon for intérieur, j'avais conscience effectivement de ne, pour ainsi dire, rien connaître, je savais bien en revanche devoir trouver chez ceux-ci des gens connaissant quantité de belles choses. En quoi je ne fus pas trompé : ils connaissaient au contraire des choses que je ne connaissais point, et, sous ce rapport, ils étaient plus sages que moi ! Je fus cependant d'avis, Athéniens, que la faute des poètes était exactement celle aussi de ces excellents professionnels : chacun d'eux, parce qu'il exerçait son art à la perfection, se jugeait aussi, pour le reste, d'une sagesse achevée, et pour les choses qui ont le plus d'importance [14]. En outre cette prétention impertinente couvrait de son ombre leur autre sagesse, *(e)* si bien que je me posais à moi-même, au sujet de l'oracle, la question de savoir si je ne préférerais pas être comme je suis, ni sage de la sagesse des gens dont je parle, ni ignorant de leur ignorance, que d'être les deux à la fois : ce qui, à eux, est leur cas ! A moi-même, comme à l'oracle, je répondais donc que mon avantage était d'être comme je suis.

Les conséquences de l'enquête.

C'est précisément en conséquence de cette façon
d'examiner les gens *(a)* que sont nées contre moi,
Athéniens, de multiples haines, et de l'espèce la plus
pénible et la plus lourde à supporter, au point de
donner naissance à mainte calomnie, et de faire que
le nom dont on m'appelle soit celui de sage. C'est
que, chaque fois qu'il m'arrive de mettre autrui à
l'épreuve, les assistants se figurent que, personnellement, je suis sage quant aux sujets sur lesquels
je l'éprouve, au lieu que cette sagesse-là, Juges, a
chance d'être en réalité celle du Dieu, et son oracle,
de nous dire que l'humaine sagesse a peu de valeur
ou n'en a même aucune. Et, s'il a parlé du Socrate
qui est ici devant vous, c'est évidemment que, me
prenant en exemple, il a utilisé mon nom, *(b)* exactement comme s'il disait : « Celui-ci, hommes, est
parmi vous le plus sage, qui, ainsi que le fait Socrate,
a reconnu que, selon la vérité, il ne vaut absolument
rien sous le rapport de la sagesse ! » Or, voilà ce que,
allant de-ci de-là, je ne cesse pas de chercher à
découvrir conformément à la parole du Dieu, s'il
m'arrive de penser que, parmi les gens de la ville
comme parmi les étrangers, il y en a un qui soit
sage ; et, quand je juge qu'il ne l'est pas, alors,
apportant au Dieu mon concours, je fais voir que
ce n'est pas un sage. L'absence de loisir qui en résulte
est aussi la cause que, de loisir, je n'en ai plus, ni
pour m'occuper des affaires de la Cité d'une façon
qui vaille qu'on en parle, *(c)* ni de mes propres
affaires, puisque je suis au contraire dans une
extrême pauvreté. Et la raison, c'est que je suis au
service du Dieu !

En outre, c'est spontanément que s'attache à moi la jeunesse, celle qui a le plus de loisirs, celle des familles les plus riches, heureuse d'entendre soumettre des gens à un examen, m'imitant maintes fois et s'essayant, par la suite, à examiner d'autres gens. Inutile, je pense, d'ajouter qu'elle n'a rien à désirer pour ce qui est d'en trouver qui s'imaginent savoir quelques choses, mais qui n'en savent réellement qu'un petit nombre ou pas du tout ! Résultat : c'est contre moi, non contre eux, que se mettent en colère les gens qu'ils ont ainsi examinés ; Socrate, à ce qu'ils disent, *(d)* est une souillure sans pareille et il corrompt la jeunesse ! Puis, quand on leur demande par quels actes et par quels enseignements, ils sont hors d'état de répondre quoi que ce soit ; mais, comme ils ne savent pas, pour ne pas avoir l'air d'être embarrassés, ils allèguent ces rubriques commodes qu'on a sous la main pour accuser tous ceux qui s'emploient à philosopher : il enseigne « les choses d'en haut et celles qui sont sous terre », il enseigne à « ne pas croire aux Dieux », à « rendre la plus forte la cause la plus faible ». La vérité en effet, ils ne consentiraient pas, je pense, à la dire : à savoir qu'ils ont été pris en flagrant délit de faire mine de savoir, *(e)* alors que cependant ils ne savent rien ! Or c'est, je crois bien, leur désir de se faire valoir, leur véhémence, leur grand nombre, la vigueur et la vraisemblance des propos qu'ils tiennent à mon sujet, qui leur ont permis, en me calomniant de façon véhémente, depuis longtemps comme aujourd'hui, de vous saturer ainsi les oreilles ! Voilà en conséquence de quoi Mélètos s'est attaqué à moi, de concert avec Anytos et Lycon, Mélètos se fâchant contre moi pour le compte des poètes, Anytos pour

le compte des hommes de métier et des politiques,
(a) Lycon pour le compte des orateurs [15]. Par conséquent, c'est justement ce que je disais en commençant, ce serait merveille que je fusse capable de
retirer de vos esprits, en un temps tellement court,
une calomnie qui s'est tellement grossie. Voilà,
Athéniens, la vérité que je vous dois : et c'est sans
vous rien celer, ni peu ni prou, sans réserves non
plus, que je vous la dis. Je sais assez bien pourtant
que c'est là, toujours, une raison de me rendre
odieux : preuve encore que je dis la vérité ; preuve
qu'en cela réside la calomnie dont je suis l'objet ;
que les causes enfin en sont celles-là même. Et ces
causes, *(b)* que vous les cherchiez à présent, que
vous les cherchiez une autre foi, c'est sous cette
forme que vous les découvrirez!

B. *Réponse à l'accusation actuelle.*

Tenons donc pour suffisante, auprès de vous,
cette justification en ce qui concerne les accusations
de mes premiers accusateurs. C'est maintenant contre
Mélètos, ce bon citoyen, ce patriote comme il dit,
et contre mes récents accusateurs, que j'essaierai,
après, de me justifier. Une fois de plus, il faut,
voyez-vous, étant donné qu'il s'agit d'accusateurs
différents, que nous prenions, à son tour, le serment
légal de ces gens-là. Le texte en est à peu près [16]
celui-ci : « Socrate, dit leur plainte, est coupable de
corrompre la jeunesse ; de ne pas croire aux Dieux
auxquels croit l'État, *(c)* mais à des Divinités nouvelles, qui en sont différentes. » Telle est donc la

plainte. Or, de cette plainte, il faut examiner chaque point un à un.

Mélètos prétend donc, vous le voyez, que je corromps la jeunesse. Mais, quant à moi, je prétends, Athéniens, que Mélètos est coupable de faire avec sérieux le plaisantin ; de traîner ainsi à la légère des gens en justice ; de faire mine de s'inquiéter sérieusement d'affaires dont jamais il ne s'est aucunement soucié [17]. Qu'il en est bien ainsi, c'est ce que je m'en vais essayer de vous faire voir.

Contre-interrogatoire de Mélètos : a) sur le premier chef d'accusation.

« Viens ici me répondre, Mélètos [18]! *(d)* Ne crois-tu pas que ce soit une chose importante de travailler à rendre la jeunesse la meilleure possible ?

— Je le crois.

— Allons! dis maintenant aux Juges quel est celui qui la rendra meilleure. Tu le sais en effet, c'est bien clair, puisque en vérité tu t'en soucies! Ayant donc effectivement découvert celui qui la corrompt, c'est moi que tu traduis devant ces Juges en qualité d'accusé. Quant à celui qui la rendra meilleure, allons! dis-leur, indique-leur qui c'est. Mélètos, ne le vois-tu pas ? tu restes muet et ne sais que répondre! N'est-ce pas toutefois, à ton avis, une preuve déshonorante, et qui se suffit, de ce que, moi, précisément je soutiens, à savoir que de cela tu n'as nul souci? Eh bien, réponds donc, mon bon! Qui rend la jeunesse meilleure? *(e)*

— Ce sont les lois.

— Mais ce n'est pas là ce que je te demande, excellent Mélètos! C'est, bien plutôt, quel est l'homme qui, pour commencer, a su aussi cela même, les lois [19].

— Ces hommes-ci, Socrate, les Juges!

— Qu'est-ce à dire, Mélètos? Les hommes que voici sont capables de faire l'éducation de la jeunesse et de la rendre meilleure?

— Ils le sont au plus haut point!

— Est-ce tous sans exception? ou bien certains d'entre eux, mais non les autres?

— Tous sans exception!

— Ah! voilà une bien bonne nouvelle, par Hêra! Des gens qui nous sont utiles, nous n'en pouvons souhaiter plus grande abondance! *(a)* Qu'est-ce à dire en somme? Les gens que voici, ceux qui nous écoutent, rendent-ils, ou non, la jeunesse meilleure?

— C'est ce qu'ils font!

— Et qu'en est-il des membres du Conseil [20]?

— Les membres du Conseil aussi!

— Mais est-ce donc, Mélètos, l'Assemblée du Peuple, les membres de l'Assemblée, qui corrompent la jeunesse? ou bien ceux-là aussi, tous sans exception, la rendent-ils meilleure?

— Ceux-là également!

— Concluons donc qu'à l'exception de moi il n'y a pas un Athénien qui n'en fasse des hommes accomplis, et que je suis le seul à la corrompre! Est-ce bien là ce que tu veux dire?

— C'est entièrement cela que de toutes mes forces je veux dire!

— Elle est, en vérité, extrême, la malchance que tu m'imputes! Fais-moi encore une réponse : est-ce que, à ton avis, il en est de même aussi pour les chevaux? *(b)* Sont-ils, à ton avis, rendus meilleurs par tous les hommes, tandis qu'il n'y en a qu'un

pour les corrompre ? Ou bien est-ce tout le contraire ?
un seul, ou un tout à fait petit nombre, les hommes
de cheval, capables de les rendre meilleurs, tandis
que la plupart, s'il leur arrive justement de se mêler
de chevaux et de s'en servir, ne font que les corrompre ? N'est-ce pas ainsi qu'il en est, Mélètos, pour
les chevaux aussi bien que pour l'ensemble des autres
animaux ? Complètement, bien sûr, que vous disiez
non, Anytos et toi, ou que ce soit oui! Quel grand
bonheur ne serait-ce pas en effet pour la jeunesse,
qu'il n'y eût à la corrompre qu'un seul homme,
et que les autres lui fussent utiles! *(c)* Mais ce n'est
pas le cas, Mélètos ; car tu fais voir suffisamment
que jamais tu ne t'es préoccupé de la jeunesse ; tu
dévoiles clairement ton insouciance personnelle et
l'absence chez toi de tout souci par rapport aux
choses à propos desquelles tu me traduis en justice !

« Mais, au nom de Zeus, dis-nous ceci encore,
Mélètos : vaut-il mieux vivre dans une cité de gens
de bien, ou dans une cité de méchantes gens ?
Réponds-moi, mon cher! Effectivement, ma question
n'a certes rien de difficile : est-ce que les méchants
ne font pas du mal à ceux qui constamment ont avec
eux les rapports les plus étroits, tandis que les bons
leur font du bien ?

— Hé oui! absolument!

(d) — Mais y a-t-il un homme qui souhaite
éprouver du dommage de la part de ceux avec qui
il vit, plutôt que d'en recevoir de l'utilité ? Réponds,
mon bon! La loi te l'enjoint en effet. Y a-t-il quelqu'un qui souhaite éprouver du dommage ?

— Non, bien sûr!

— Poursuivons! Me traduis-tu ici, dans la pensée
que c'est volontairement que je corromps la jeunesse,

que je la rends plus méchante ? ou bien est-ce invo-
lontairement ?

— Volontairement, j'en suis convaincu !

— Qu'entends-je, Mélètos ? A l'âge que tu as,
tu m'es, toi, tellement supérieur en sagesse, à moi
dans l'âge où je suis, que, toi, tu saches *(e)* tout le
mal qu'à chaque occasion les méchants font à ceux
qui les approchent le plus, tandis que leur font du
bien ceux qui sont bons ? et que moi, j'en sois
arrivé à un tel degré d'ignorance que ceci même, je
l'ignore ? que, s'il m'arrive de pervertir un de ceux
qui vivent en ma compagnie, je courrai le risque
d'éprouver un mal qui me vienne de lui ? à un degré
tel, qu'un si grand mal, c'est volontairement, comme
tu le soutiens, que je me le ferais ! Là-dessus, Mélètos,
non, je ne puis t'en croire, et je ne pense pas non plus
qu'il y aurait aucun homme pour t'en croire ! *(a)* Mais
ou bien je ne suis pas un corrupteur, ou bien, si je
suis un corrupteur, c'est sans le vouloir, en sorte que,
dans l'un et l'autre cas, c'est une fausseté que tu
dis ! Or, si je corromps sans le vouloir, on n'a pas,
d'après la loi, à traduire ici les auteurs de telles
fautes, qui sont involontaires ; mais c'est en particulier qu'on doit les prendre, pour les instruire en
leur faisant des remontrances. En effet, c'est bien
clair, il me suffira d'avoir été instruit pour cesser
de faire ce qu'en vérité je fais sans le vouloir. Quant
à toi, tu as évité de te mettre en rapport avec moi
et de m'instruire, tu n'y as pas mis de bonne volonté ;
au contraire, tu me traduis ici, où c'est la loi de
traduire ceux qui ont besoin d'être corrigés, mais non
ceux qui ont besoin d'être instruits !

b) Sur le second chef d'accusatiou.

« N'insistons pas cependant, Athéniens! *(b)* Voilà qui désormais est en effet bien clair : jamais, Mélètos, c'est ce que je disais, tu ne t'es, ni peu ni prou, soucié de cela! Dis-nous-le donc néanmoins : en quel sens, Mélètos, prétends-tu que je corromps la jeunesse? Aux termes de l'action judiciaire que tu m'as intentée, c'est en lui enseignant à " ne pas croire aux Dieux auxquels croit l'État, mais à des Divinités nouvelles, qui en sont différentes ". N'est-ce pas en enseignant cela que, à t'entendre, je suis un corrupteur?

— Hé oui! absolument : c'est là ce que j'affirme de toutes mes forces.

— Alors, Mélètos, au nom de ces Dieux mêmes dont il est présentement question *(c)* parle-moi avec plus de clarté encore, ainsi qu'aux juges de ce tribunal. Je ne puis en effet comprendre ceci : est-ce que, d'après toi, j'enseigne que je crois à l'existence de certains Dieux (auquel cas je crois personnellement à l'existence de Dieux et ne suis pas du tout un néga-teur des Dieux, ni coupable non plus du crime d'athéisme), lesquels à la vérité ne sont pas ceux mêmes de l'État, mais des Dieux différents (alors c'est de cette différence que tu me fais grief)? ou bien est-ce que tu soutiens que personnellement je ne crois pas du tout aux Dieux et que c'est là ce que j'enseigne aussi aux autres?

— Ce que je dis, c'est que tu ne crois pas du tout aux Dieux!

(d) — Qu'est-ce qui te fait dire cela, ô prodi-gieux Mélètos? Est-ce donc que je ne crois pas,

comme le croit le reste des hommes, que le Soleil
est un Dieu et aussi la Lune [21] ?

— Par Zeus! il ne le croit pas, Juges, puisqu'il
dit du Soleil que c'est une pierre, de la Lune, que c'est
une terre.

— C'est Anaxagore, cher Mélètos, que tu te figures
accuser! Et, ce faisant, tu méprises les juges qui
nous écoutent, et tu te les figures assez inexpéri-
mentés en lecture pour ignorer que les livres·d'Anaxagore de Clazomènes regorgent de telles conceptions ; et ce serait de moi que la jeunesse les aurait
apprises, alors qu'il lui est possible de faire à l'Orches-
tre [22] acquisition de ces livres, *(e)* quelquefois
pour une drachme quand ils se vendent très cher!
C'est de Socrate qu'elle se gausserait, la jeunesse,
s'il feignait que ces conceptions sont de lui, étant
donné surtout leur éminente singularité! Mais en
vérité, est-ce là, au nom de Zeus, ta pensée à mon
sujet ? que je ne crois à l'existence d'aucun Dieu?

— D'aucun, non bien sûr, par Zeus! et même
pas le moins du monde!

— Ah! ce n'est pas croyable, Mélètos, fût-ce
pour toi, bien certainement, à ce qu'il me semble! »

Le fait est, Athéniens, que mon adversaire me
semble avoir perdu toute mesure et toute retenue ;
que cette action judiciaire intentée par lui est due
à une certaine démesure, à un manque de retenue,
à de la jeunesse! *(a)* Effectivement, il m'a tout
l'air de composer une énigme, pour bien me mettre
à l'épreuve : « Reconnaîtra-t-il, Socrate, lui qui
justement est un sage, que je fais le plaisantin et
que je me contredis moi-même ? ou bien réussirai-je
à l'abuser, lui et le reste de l'auditoire ? » Car mon
adversaire, pour moi c'est évident, se contredit

lui-même dans sa plainte, qui équivaut à dire :
« Socrate est coupable de ne pas croire aux Dieux,
tout en croyant cependant aux Dieux! » Or c'est
bien là le fait de quelqu'un qui s'amuse.

Veuillez donc avec moi, Citoyens, considérer en quo i
tel est évidemment à mes yeux le fond de ce qu'il dits;
quant à toi, Mélètos, réponds-nous. Et vous autren,
(b) c'est là ce que j'ai réclamé de vous en commençant, souvenez-vous de ne pas me faire de tapage si
c'est à ma manière habituelle que je vous parle!

« Y a-t-il, Mélètos, personne pour croire à l'existence d'affaires humaines, sans croire à celle des
hommes ? Qu'il réponde, Juges, et qu'on ne se mette
pas à tapager, encore et encore! Y a-t-il personne
qui, sans croire qu'il existe des chevaux, croie
d'autre part aux affaires de cheval ? qui, sans croire
à l'existence de flûtistes, croie cependant aux affaires
de flûte ? Non, homme entre tous excellent, il n'y a
personne : c'est moi, puisque tu ne veux pas répondre, qui te le dis, à toi comme à nos juges! Fais-moi
cependant réponse, sur ceci tout au moins : *(c)* y
a-t-il personne pour croire à l'existence d'affaires
démoniques, sans croire d'autre part à des Démons[23] ?

— Non, personne!

— Quelle bonté à toi d'avoir répondu, quoi qu'il
t'en coûtât, parce que ces juges t'y obligent! Or tu
déclares, et que je crois à des affaires démoniques,
et que mon enseignement y a trait ; qu'elles soient
nouvelles ou anciennes, il n'importe ; toujours est-il
du moins que, d'après ce que tu dis, je crois à des
affaires démoniques ; tu en as même fait serment dans
le mémoire joint à ta plainte. Or, si je crois à des
affaires démoniques, il est assurément de toute
nécessité que je croie aussi à des Démons. N'en est-il

pas ainsi ? Oui, il en est ainsi. J'admets en effet que
tu en tombes d'accord, puisque tu ne réponds pas !
(d) Mais les Démons, ne les tenons-nous pas pour
être des Dieux ou des enfants de Dieux ? Est-ce oui
ou non, d'après toi ?

— Hé ! c'est oui, absolument !

— Dans ces conditions, s'il est vrai, comme tu le
déclares, qu'à mon jugement il y a des Démons,
voilà en quoi doit consister ce que je déclare, moi,
être de ta part un langage énigmatique et celui d'un
plaisantin : oui, de déclarer que, n'estimant pas qu'il
y ait des Dieux, j'estime inversement, d'autre part,
qu'il y a des Dieux puisque aussi bien, justement,
j'estime qu'il y a des Démons ! Or, si à leur tour les
Démons sont des enfants bâtards des Dieux, qu'ils
ont eus de Nymphes ou de telles autres personnes
dont précisément parle encore la légende [24], quel
homme estimerait qu'il y a des enfants de Dieux,
mais qu'il n'y a pas de Dieux ? Ce serait aussi
absurde en effet que de dire : *(e)* les mulets sont, à
mon jugement, des enfants de chevaux et d'ânes,
mais, à mon jugement, il n'y a pas de chevaux ni
d'ânes ! Non, malgré tout, il ne se peut, Mélètos, que
tu n'aies pas eu l'intention de nous mettre là-dessus
à l'épreuve en intentant contre moi cette action ;
ou bien, faute de trouver quel est véritablement le
crime dont tu m'accuses ! Non, il ne se peut que tu
persuades à personne, fût-ce à quelqu'un d'esprit
borné, qu'il n'appartient pas au même homme
d'estimer qu'il existe des choses démoniques et
d'estimer aussi qu'il en existe de divines, et qu'à ce
même homme il appartient, au rebours, *(a)* d'estimer
qu'il n'existe ni Démons, ni Dieux, ni Héros ! Non,
cela, il n'y a aucun moyen de le persuader ! »

4. *La mission divine.*

Mais, Athéniens, n'insistons pas ; car, pour prouver qu'aux termes de l'accusation de Mélètos je ne suis pas coupable, il n'y a pas besoin, je pense, d'une copieuse justification : il suffit au contraire de ce que j'ai dit. Or, quand auparavant je disais aussi que de multiples haines, et chez beaucoup de gens, s'étaient amassées contre moi, c'est la vérité, sachez-le bien, que je vous disais. Et voilà ce qui me fera condamner, si toutefois je suis condamné : ce n'est pas Mélètos, ce n'est pas non plus Anytos, mais c'est d'être calomnié, d'être dénigré par tant de gens ; ce qui a fait aussi condamner et qui fera encore condamner, si je m'en crois, nombre d'autres gens de bien ! *(b)* Et il n'y aurait rien d'étrange que cela ne s'arrêtât pas à moi ! « Eh quoi ! n'as-tu pas honte, Socrate me dira-t-on peut-être, d'avoir pratiqué un genre de vie, dont les pratiques t'exposent aujourd'hui à perdre la vie ? » A quoi j'aurais le droit de répliquer : « Homme, ce n'est pas parler comme il faut que d'imaginer, pour quelqu'un qui est bon à quelque chose si peu que ce soit, une obligation de calculer ses chances de vivre ou de mourir ; de ne pas au contraire envisager ceci seulement, quand il agit, si son action est juste ou injuste, et si c'est une œuvre d'homme de bien ou de méchant. A t'écouter, ce seraient des gens de rien, *(c)* tous ces demi-Dieux qui ont péri devant Troie, et tout particulièrement le fils de Thétis, lequel, au prix d'un déshonneur à endurer, faisait si peu de cas du péril ! Sa mère en effet, en sa qualité de Déesse, lui avait, lorsqu'il brûlait de faire périr Hector, tenu des propos qui, sauf erreur de ma part, étaient à peu près ceux-ci : " Mon enfant, si tu dois venger le meurtre de Patrocle, ton bien-aimé, et que tu doives faire périr Hector, tu mourras toi-même, car, *tout de suite après Hector, la mort est préparée pour toi !* " Mais lui, en entendant cela, *(d)* il eut peu de souci de la mort et du péril, redoutant beaucoup plus de vivre en méchant et de ne pas venger ses amis : " *Que je meure donc tout de suite,* dit-il, après avoir infligé son châtiment au criminel, pour ne pas demeurer ici, objet de risée, *près des nefs recourbées, vain fardeau de la terre* [25] *!* " Tu ne le crois pas, je pense, préoccupé de la mort et du péril ! » Voici en effet ce qui en est, Athéniens : quelque place dans le rang qu'on se soit assignée à soi-même ou que nous ait assignée notre chef, à cette place nous devons, selon moi, demeurer pour en courir les chances, sans que la chance de mourir, ni aucune autre absolument, prenne le pas, dans nos calculs, sur la chance de nous déshonorer [26] !

Moi donc, Athéniens, je me conduirais étrangement *(e)* si, à Potidée, à Amphipolis, à Dèlion [27], quand les chefs choisis par vous pour être chefs m'avaient assigné une place, j'étais alors demeuré à cette place, comme n'importe qui d'autre, et en courant la chance d'y être tué ; et que, en revanche, alors que c'est le Dieu qui m'a assigné une place (telle était la conviction que je m'étais faite), avec l'obligation de vivre en philosophant et en procédant à l'examen de moi-même et d'autrui, *(a)* cette place, la peur de la mort ou de quoi que ce soit d'autre me la fît déserter ! Voilà qui serait étrange, et c'est alors, en toute vérité, qu'on aurait le droit de me traduire

devant un tribunal, en alléguant que je ne crois pas
à l'existence des Dieux, puisque j'aurais ainsi déso-
béi à la réponse de l'oracle, à la fois en craignant la
mort et en m'imaginant être sage alors que je ne le
serais pas! Craindre la mort, ce n'est rien d'autre en
effet, Juges, que de passer pour sage alors qu'on ne
l'est point, que de passer en effet pour savoir ce que
l'on ne sait pas. Car de la mort, nul n'a de savoir,
pas même si ce n'est pas précisément pour l'homme
le plus grand des biens ; mais on la craint, comme si
l'on savait parfaitement qu'il n'y a pas de plus
grand mal! *(b)* Et cela, comment n'y pas voir cette
ignorance justement qui est répréhensible, celle qui
consiste à s'imaginer savoir ce qu'on ne sait pas?
Quant à moi, Citoyens, c'est dans cette mesure et
sur ce point que je diffère de la majorité des hommes ;
et, si enfin il doit y avoir quelqu'un que, par quelque
endroit, je me déclarerais surpasser en sagesse, à
celui-là je déclarerais que ma supériorité, c'est de
n'avoir pas de savoir suffisant sur ce qui se passe
chez Hadès et, ainsi, de ne pas me figurer savoir ce
que je ne sais pas. Que, d'autre part, commettre
l'injustice, désobéir à qui vaut mieux que soi, Dieu
ou aussi bien homme, soit un mal et quelque chose
de laid, cela je le sais bien! Donc, avant les maux
dont je sais pertinemment que ce sont des maux,
jamais je ne ferai passer la crainte à l'égard de choses
dont j'ignore si précisément elles ne sont pas des
biens, je ne les éviterai non plus jamais!

(c) Par conséquent, supposé même que vous
m'acquittiez... en quoi vous ne suivriez pas l'avis
d'Anytos : « Ou bien, vous disait-il, il ne fallait pas,
pour commencer, que Socrate fût traduit ici ; ou
bien, puisqu'on l'y a traduit, il est impossible qu'on

ne le fasse pas périr. S'il doit échapper au châtiment,
vous déclarait-il, désormais vos fils, pratiquant ce
que Socrate enseigne, seront tous, totalement
corrompus! » Oui, supposons qu'en réponse à cela
vous me disiez : « Socrate, nous ne suivrons pas
aujourd'hui l'avis d'Anytos. Nous t'acquittons au
contraire, à une condition pourtant : c'est que poursuivre cette enquête, non plus que philosopher,
n'occupera pas désormais tout ton temps. Mais, si
on te prend encore à le faire, alors tu mourras! »
(d) Si c'était donc à ces conditions, dis-je, que vous
seriez disposés à m'acquitter, voici ce que je vous
dirais : « Athéniens, je vous salue bien et je vous
aime! Mais j'obéirai au Dieu plutôt qu'à vous :
jusqu'à mon dernier souffle et tant que j'en serai
capable, ne vous attendez pas que je cesse de philosopher, de vous adresser des recommandations, de
faire voir ce qui en est à tel de vous qui, en chaque
occasion, se trouvera sur mon chemin, en lui tenant
le langage même que j'ai coutume de tenir : " Ô
le meilleur des hommes, toi qui es un Athénien, un
citoyen de la ville la plus considérable, de celle qui,
pour le savoir et la puissance, a le plus beau renom,
tu n'as pas honte d'avoir le souci de posséder la plus
grande fortune possible, *(e)* et la réputation, et les
honneurs, tandis que de la pensée, de la vérité, de
l'amélioration de ton âme, tu ne te soucies point et
n'y penses même pas! " Et s'il s'en trouve un parmi
vous pour le contester et pour prétendre qu'il en est
soucieux, je ne le lâcherai pas sur l'heure, je ne m'en
irai pas non plus; mais je lui poserai des questions,
je l'examinerai, je lui montrerai son erreur, et, s'il
ne me semble pas posséder de vrai mérite, et qu'il
le prétende cependant, je lui reprocherai d'attribuer

la moindre valeur à ce qui en a la plus grande, *(a)*
tandis qu'il met à plus haut prix ce qui est le plus
misérable! » Voilà ce que je ferai, avec les plus jeunes
comme avec les plus âgés, au hasard de la rencontre,
avec l'étranger comme avec l'homme de la ville, mais
surtout avec vous, les gens de cette cité, pour autant
que par l'origine vous m'êtes plus proches! C'est à
cela en effet, sachez-le bien, que m'invite le Dieu.
Quant à moi, je ne crois pas qu'il y ait eu encore dans
la Cité de bien plus grand que cette soumission de
ma part au service du Dieu [28] !

Je ne fais rien d'autre en effet que de circuler
partout; je vous engage, les plus jeunes comme les
plus âgés, à n'avoir, ni pour vos corps, ni pour votre
fortune, de souci *(b)* qui soit antérieur à celui de
l'amélioration de votre âme, ni qui soit même également fort; je vous dis que ce n'est pas de la fortune
que naît le vrai mérite, mais que c'est le vrai mérite
qui fait bonnes la fortune, les autres choses humaines
aussi, toutes sans exception, dans les affaires privées
comme dans celles de l'État. Maintenant, si c'est
en disant cela que je corromps la jeunesse, alors c'est
que cela est dommageable! Mais, prétendre que je
dis autre chose que cela, c'est parler pour ne rien
dire. Au regard de cela, déclarerais-je, libre à vous,
Athéniens, de suivre ou non l'avis d'Anytos, de
m'acquitter ou de ne pas m'acquitter, *(c)* puisque
aussi bien je ne ferais rien d'autre, dussé-je même
cent fois mourir.

Allons, Athéniens, ne faites pas de tapage!
Maintenez-vous dans l'attitude que j'ai réclamée de
vous : ne faites pas de tapage à propos de ce que je
dis, mais écoutez-moi! Car vous aurez, si je m'en
crois, du profit à m'écouter. C'est qu'en effet cer-

taines choses, que j'ai à vous dire encore, vont probablement vous faire crier. N'en faites rien au contraire!
Car, sachez-le bien, si vous me mettez à mort, étant
l'homme que je dis être, à moi vous ne ferez pas un
tort plus grand que celui que vous vous ferez à vous-
mêmes : aucun dommage, effectivement, ne me
pourrait venir, ni de Mélètos, ni d'Anytos ; cela lui [29]
serait impossible en effet, *(d)* puisqu'il n'est pas
licite, je crois, que celui qui vaut mieux éprouve un
dommage de la part de celui qui vaut moins [30].
Sans doute peut-il, assurément, me faire mettre à
mort, me faire exiler, me faire priver de mes droits
de citoyen. Mais sans doute sont-ce là aux yeux de
mon accusateur de grands maux, comme aux yeux
de tel ou tel autre, non pas pourtant aux miens
; bien plutôt, au contraire, de faire ce que fait à présent cet homme-là, d'entreprendre de faire mettre
injustement un homme à mort! Ainsi donc à présent,
il s'en faut de beaucoup, Athéniens, que ce soit,
comme on pourrait le croire, ma cause à moi que je
plaide ; c'est plutôt la vôtre, de peur qu'en me con-
damnant vous ne commettiez une grave faute au
sujet du cadeau que vous a fait le Dieu! *(e)* Si en
effet vous me faites périr, il ne vous sera pas facile
d'en trouver un autre qui soit comme je suis : tout
bonnement (quand bien même il serait par trop ridicule de parler ainsi!), attaché par le Dieu au flanc
de la Cité, comme au flanc d'un cheval puissant et de
bonne race, mais auquel sa puissance même donne
trop de lourdeur et qui a besoin d'être réveillé par
une manière de taon [31]. C'est justement en telle
manière que, moi, tel que je suis, le Dieu m'a attaché
à la Cité ; moi qui réveille chacun de vous individuellement, qui le stimule, qui lui fais des reproches,

(a) n'arrêtant pas un instant de le faire, m'installant partout, et le jour entier. Ainsi donc, Citoyens, il ne sera pas facile qu'il vous vienne un autre homme de cette sorte ; au contraire, si vous m'en croyez, vous m'épargnerez!

Il est fort possible cependant que, à la façon peut-être des gens que l'on réveille au moment où ils sont assoupis, vous vous fâchiez et que, après une bonne tape, vous vous fassiez un jeu, écoutant l'avis d'Anytos, de me faire périr! En suite de quoi, vous passeriez à dormir le reste de votre existence, à moins que le Dieu, prenant soin de vous, ne vous en envoie un second! Que, d'un autre côté, je sois, moi, un homme dont la qualité est d'être un cadeau qui a été fait par le Dieu à la Cité, *(b)* voici qui vous permettra de le comprendre : elle n'est pas en effet dans les manières d'un homme, cette négligence que j'ai à l'égard de l'ensemble de mes affaires personnelles, ma patience à supporter, depuis tant d'années, les suites de ma négligence pour tout ce qui me concerne proprement, tandis que d'autre part je m'occupais de ce qui vous regarde, m'approchant de chacun de vous en particulier, à la manière d'un père ou d'un frère aîné, pour l'engager à avoir souci de ce qui est un mérite véritable. De plus, si à la vérité j'en avais tiré quelque profit, si j'avais reçu un salaire pour les avis que je donnais, j'aurais un motif à alléguer de ma conduite. Mais non! et vous le voyez bien par vous-mêmes, mes accusateurs, qui, sur tous les autres points, ont montré une si grande effronterie dans leurs accusations, n'ont pu, sur ce point-là au moins, avoir le front de le contester, en produisant un témoignage *(c)* d'après lequel j'aurais exigé ou sollicité une rémunération. C'est en effet, je crois, un témoignage suffisant de la vérité de ce que je dis, celui que j'apporte moi-même : ma pauvreté!

L'abstention de la politique : le rôle du Démon.

Mais peut-être jugera-t-on étrange, précisément, que, tout en donnant dans le privé, de droite et de gauche, ces consultations, tout en me mêlant des affaires de tout le monde, je n'aie pas l'audace de m'occuper des affaires publiques, et, montant à la tribune de l'Assemblée du Peuple, de donner à la Cité mes consultations sur ce qui vous concerne! Or la raison en est ce que maintes fois, en maint endroit, vous m'avez entendu dire : *(d)* à savoir qu'il m'arrive je ne sais quoi de divin et de démonique, ce dont justement Mélètos a fait état dans sa plainte, à la manière d'un auteur de comédie. Les débuts en remontent à mon enfance : c'est une voix qui se fait entendre de moi, et qui, chaque fois que cela arrive, me détourne de ce qu'éventuellement je suis sur le point de faire, mais qui jamais ne me pousse à l'action. Voilà ce qui s'oppose à ce que je fasse de la politique. Bienheureuse opposition, en vérité, si je m'en crois! Sachez-le bien en effet, Athéniens : si, depuis longtemps, j'avais entrepris de faire de la politique, il y a longtemps que ma perte serait chose accomplie *(e)* et que je n'aurais pu être utile, ni à vous, ni à moi-même! Ne vous fâchez pas contre moi si je dis ce qui est vrai : c'est qu'effectivement il n'y a pas d'homme qui doive sauvegarder sa vie, s'il se met en franche opposition à votre égard, ou à l'égard d'une autre multitude assemblée, et qu'il empêche

nombre d'injustices et d'illégalités *(a)* de se produire
dans l'État. Il est bien plutôt forcé que celui qui
aspire à combattre réellement pour la justice, mène,
si peu de temps qu'il veuille sauvegarder son existence, la vie d'un simple particulier et non celle d'un
homme public.

Or, c'est de quoi je produirai devant vous, pour
mon compte, des preuves tout à fait sérieuses :
non pas des mots, mais ces preuves qui comptent à
vos yeux, des faits. Écoutez donc de ma bouche ce
qui m'est arrivé, pour que vous sachiez qu'il n'y a
personne, non, personne à qui j'aie fait de concession
au mépris de la justice et par crainte de la mort, et
que, en même temps, par ce refus de toute concession,
j'aurais dû me perdre. Ce que je m'en vais vous dire,
ce sont d'insupportables histoires de plaideur, mais
ce sont des histoires vraies. *(b)* C'est un fait, Athéniens, que je n'ai jamais exercé dans l'État aucune
charge, sinon que j'ai été membre du Conseil. Et il
se trouva que la tribu Antiochide, à laquelle j'appar-
tiens, eût la prytanie [32] le jour où vous vouliez,
illégalement, juger en bloc les dix généraux qui,
à la suite du combat naval [33], n'avaient pas recueilli
les morts : illégalité plus tard unaniment reconnue
par vous. Ce jour-là, seul des Prytanes, je m'opposai
à votre intention de prendre une décision illégale,
je votai contre la proposition ; et, tandis que les
orateurs étaient tout prêts à réclamer des poursuites
contre moi et mon arrestation, *(c)* que vous-mêmes,
à grands cris, les y invitiez, je pensais, moi, que je
devais faire face au péril aux côtés de la Loi et de la
justice, plutôt que de me mettre à vos côtés, par
crainte de la prison et de la mort, quand était injuste
votre délibération.

Ceci se passait à l'époque où la démocratie était encore le régime de l'État. Quand on en vint au régime oligarchique, cette fois-là les Trente, m'ayant mandé, et quatre autres avec moi, à la Rotonde [34], m'enjoignirent d'aller chercher à Salamine Léon le Salaminien, pour qu'il fût mis à mort. De telles injonctions étaient maintes fois faites à maint autre citoyen par les Tyrans, désireux de faire le plus grand nombre possible de citoyens complices de leurs crimes. *(d)* Cette fois encore, sans conteste, je fis bien voir, non par des mots mais par un acte, que de la mort, sauf votre respect, je n'ai cure le moins du monde, tandis que de commettre rien qui soit injuste ou impie, c'est là ce qui fait tout mon souci! Moi en effet, ce régime, en dépit de ses procédés si violents, ne m'a pas intimidé au point de me faire commettre un acte injuste. Mais à notre sortie de la Rotonde, tandis que les quatre autres partaient à Salamine et en ramenaient Léon, moi, je prenais le chemin de ma maison. Cela sans doute m'aurait valu la mort, si le régime n'avait été vite renversé [35]. *(e)* Voilà des faits dont les témoins ne vous manqueront pas.

Socrate n'enseigne pas et n'a pas de disciples.

Pensez-vous, maintenant, que j'aurais vécu tant d'années si je m'étais adonné à la vie politique et que, m'y conduisant d'une façon digne d'un homme de bien, j'y eusse pris la défense de la justice, et, comme il se doit, fait de cela le cas le plus grand? Il s'en faut de beaucoup, Athéniens ; et, effectivement, personne d'autre non plus ! *(a)* Mais, si durant

toute mon existence telle a été, je pense, ma conduite
publique, c'est ce même homme aussi que je me
montrerai dans ma conduite privée, n'ayant jamais
cédé à personne contrairement à la justice, ni à
aucun de ceux que mes calomniateurs prétendent
avoir été mes disciples [36], ni à un autre. Or jamais
je n'ai été, moi, le maître de personne. Mais, s'il
y a quelqu'un qui ait envie de m'écouter quand je
parle et que j'accomplis la tâche qui est la mienne,
qu'il soit jeune, qu'il soit vieux, jamais je ne lui ai
refusé : pas plus que je ne m'entretiens avec lui pour
de l'argent reçu, *(b)* je ne m'y refuse faute d'en
recevoir ; au contraire je m'offre aux questions, à
celles du riche pareillement comme à celles du
pauvre ; à moins qu'on ne préfère être le répondant
et écouter ce que je puis avoir à dire [37]. Et que, parmi
ceux-là, tel devienne ou ne devienne pas homme de
bien, je n'en saurais à bon droit subir la responsabilité, n'ayant jamais promis d'enseigner, ni enseigné
en fait, rien qui s'apprenne à aucun d'entre eux. Si
cependant quelqu'un prétend avoir jamais appris
quelque chose de moi et avoir entendu de moi, dans
le privé, quelque chose qui n'ait pas été entendu aussi
de tous les autres, sachez bien qu'il ne dit pas la
vérité. Quel motif certains peuvent-ils donc avoir
néanmoins de prendre plaisir à passer beaucoup de
temps en ma compagnie ? *(c)* Vous l'avez entendu,
Athéniens ; toute la vérité, je vous l'ai dite : c'est
qu'ils prennent plaisir à l'examen de ceux qui se
figurent être sages et qui ne le sont pas ; ce qui en
effet n'est point déplaisant ! Pour ce qui est de moi,
je vous le déclare, si je procède à cet examen, c'est
que le Dieu me l'a prescrit, par oracles, par songes [38],
de toutes les manières enfin dont justement il est

possible à un homme de connaître le lot que lui attribue la Divinité, et quoi qu'il lui soit prescrit de faire.

Voilà, Athéniens, des choses qui sont vraies et
dont le contrôle est facile. Supposons donc en effet
que, parmi les jeunes gens, il y en ait que je sois en
train de corrompre, *(d)* d'autres que j'aie déjà
corrompus : c'était apparemment une nécessité que
tels d'entre eux se fussent, en prenant de l'âge, rendu
compte qu'au temps de leur jeunesse je leur avais
quelquefois conseillé une mauvaise action ; et
aujourd'hui ils viendraient à la barre m'accuser et
se venger de moi. Supposons d'autre part qu'ils
n'aient pas consenti à le faire personnellement ;
c'était une nécessité qu'aujourd'hui il y en eût,
parmi les gens qui sont les proches de ceux-là, pères,
frères, le reste de leurs parents, pour venir, s'il était
vrai que, par ma faute, leurs proches eussent subi
quelque mal, le mentionner ici et en demander ven-
geance. Or il y en a, en tout cas, beaucoup qui sont
venus assister à cette audience et que j'aperçois :
(e) d'abord Criton, qui a mon âge et est du même
dème que moi, le père de Critobule que voici ; ensuite,
Lysanias du dème Sphèttos, le père d'Eschine, que
voici ; et encore Antiphon de Kèphisia, le père d'Épigène ; ce n'est pas tout, en voilà d'autres, dont les
frères ont ainsi employé leur temps : Nicostrate,
le fils de Théozotidès et frère de Théodote (Théodote
étant mort, il ne pourrait par conséquent empêcher
Nicostrate de parler contre moi !) ; voici Paralios,
le fils de Dèmodocos et dont le frère est Théagès ;
(a) Adimante, le fils d'Ariston et dont le frère est
Platon que voilà ; Éantodôros, dont voici le frère
Apollodore [39]. Et il y en a beaucoup d'autres que
je puis vous nommer, dont tel ou tel aurait dû être,

de préférence, cité comme témoin par Mélètos au cours de son réquisitoire. Mais, s'il a omis alors de le faire, qu'il les cite maintenant, je lui cède la place à la tribune, et, s'il en a la possibilité, qu'il nomme un témoin de cet ordre! Mais c'est tout le contraire : vous les trouverez tous, Citoyens, prêts à me porter assistance, à moi le corrupteur, à moi qui, *(b)* au dire de Mélètos et d'Anytos, fais du mal à leurs proches. Si en effet l'assistance que me porteraient ceux qui ont été corrompus par moi pouvait peut-être s'expliquer de leur part, quelle autre explication donner de l'assistance que m'apportent ceux qui n'ont pas été corrompus, eux qui sont déjà avancés en âge et qui sont les parents des autres, sinon l'explication correcte et conforme à la justice : à savoir la conscience qu'ils ont, que Mélètos ment et que moi je dis la vérité ?

Conclusion du plaidoyer.

Allons, Citoyens! voilà à peu près ce que je pourrais alléguer pour me justifier, avec d'autres considérations, probablement du même genre. *(c)* Peut-être cependant y aura-t-il quelqu'un parmi vous pour s'irriter, en rappelant ses souvenirs personnels à propos de quelque procès qu'il aurait eu à soutenir, beaucoup moins grave que ne l'est le procès actuel : les prières, les supplications qu'à grand renfort de larmes il adressait à ses juges, amenant même à la barre, pour inspirer le plus possible la pitié, ses jeunes enfants, le reste de ses proches, des amis en grand nombre ; tandis que moi, fût-ce dans le péril où je suis et qui doit être, à ses yeux, le péril suprême,

je ne vais, en fin de compte, rien faire de tout cela !
Peut-être donc ces réflexions lui inspireraient-elles
contre moi un surcroît de prévention entêtée, et, une
fois mis en colère à leur sujet même, déposerait-il
un vote que la colère accompagnerait. *(d)* Si, dis-je,
c'est le cas de tel d'entre vous, ce qu'en fait, pour
ma part, je ne crois pas devoir envisager, mais enfin
si cela est, voici ce qu'il me semblerait convenable
de lui dire : « Sans doute, ô le meilleur des hommes,
lui dirais-je, ai-je moi aussi des proches ; car, pour
parler comme Homère, je ne suis pas né non plus
d'un chêne, pas davantage d'un rocher [40], mais bien
d'autres hommes : en sorte que moi aussi j'ai des
proches ; en outre, j'ai des enfants, Athéniens, j'en
ai trois, dont l'un est déjà un adolescent, les deux
autres, tout petits [41]. » Ce n'est pourtant pas une
raison d'amener à la barre aucun d'eux, et je ne vous
prierai pas, pour cela, de m'absoudre par vos votes !

Pourquoi, enfin, ne ferai-je cependant rien de
tout cela ? *(e)* Ce n'est pas, Athéniens, par bravade
entêtée, ni par dédain à votre endroit. Que pourtant,
au regard de la mort, je sois, ou non, plein de
confiance, c'est là une autre histoire ! Mais, au regard
de l'honneur, je ne pense pas que ce soit une belle
chose, pour moi, pour vous, pour la Cité tout entière,
que je fasse, moi, rien de tout cela, et à l'âge où je
suis, et avec ce nom de sage que l'on me donne ;
est-ce en réalité à juste titre ? est-ce en réalité faus-
sement ? toujours est-il qu'en réalité on m'a fait
cependant la réputation *(a)* d'être ce Socrate, chez
lequel il y a quelque chose par quoi il l'emporte sur
la plupart des hommes [42]. Or, si ceux qui, parmi
vous, ont la réputation de l'emporter sur les autres,
soit en sagesse, soit en courage, soit en n'importe

quel autre mérite, devaient être des gens de cet
acabit, ce serait bien vilain! Une pareille attitude,
souvent, le jour où on les juge, je l'ai constatée
chez des gens qui, malgré la réputation d'hommes
de valeur qu'ils ont, se livrent pourtant à d'extraordinaires manifestations, inspirées par l'idée que
ce sera pour eux quelque chose de terrible d'avoir
à mourir : comme si, dans le cas où vous ne les
mettriez pas à mort, ils dussent, eux, être immortels!
Hommes qui, à mon sens, mettent un déshonneur sur
la Cité au point de s'exposer à susciter, chez tel ou
tel étranger, *(b)* la conviction que les hommes qui,
à Athènes, se distinguent par leur mérite, ceux que
les Athéniens ont eux-mêmes choisis de préférence
aux autres pour être leurs magistrats et pour avoir
le reste des dignités, ces hommes-là ne se différen-
cient pas des femmes! Voilà une conduite, Athéniens,
que, ni vous ne devez avoir, quand, en quelque
genre de valeur que ce soit, vous possédez de
la réputation ; ni nous la permettre, au cas où nous
l'aurions, mais bien plutôt faire voir ceci justement :
que celui qui vient à la barre pour y jouer ces drames
apitoyants, et rendre la Cité ridicule, vos votes
bien plus sûrement le condamneront que celui qui
garde son sang-froid.

Mais mettons de côté, Citoyens, les questions de
réputation! *(c)* Il n'y a pas non plus de justice, à
mon sens, à adresser au Juge des prières, pas davantage à se tirer d'affaire grâce à ces prières ; mais la
justice est de l'instruire et de le convaincre. Car ce
n'est pas pour cela que siège le juge, pour faire de
la justice une faveur, mais pour décider de ce qui
est juste ; et le serment qu'il a prêté, ce n'est pas
de faire des faveurs à qui il lui plaît, c'est au contraire

de juger conformément aux lois. En conséquence,
c'est un devoir, et pour nous de ne point vous faire
prendre l'habitude de vous parjurer, et pour vous
de n'en pas prendre l'habitude. Ne réclamez donc
pas de moi, Athéniens, que je m'oblige à faire, à
votre égard, des choses que je n'estime être ni belles,
ni justes, ni pieuses, *(d)* étant donné surtout, par
Zeus! oui absolument, que c'est à une accusation
d'impiété que je suis en butte de la part de Mélètos!
Bien certainement en effet, si je vous persuadais
et que, par mes prières, je fisse violence à votre
serment, je vous enseignerais à estimer qu'il n'y a
point de Dieux, et, en cherchant à me justifier,
tout bonnement je m'accuserais moi-même de ne
pas croire aux Dieux! Mais, au contraire, il s'en faut
de beaucoup qu'il en soit ainsi : oui, Athéniens, je
crois en eux comme ne fait aucun de mes accusateurs,
et je m'en remets à vous, ainsi qu'au Dieu, de prendre à mon sujet la décision qui devra être la meilleure
pour moi comme pour vous. *(e)*

II. SOCRATE A ÉTÉ DÉCLARÉ COUPABLE

Débat contradictoire sur la peine.

Que je ne m'indigne pas, Athéniens, de ce résultat, *(a)* de ce vote par lequel vous m'avez condamné,
bien des raisons y contribuent : celle-ci surtout,
que je n'étais pas sans m'attendre à ce que tel fût
le résultat ; mais ce dont je m'émerveille beaucoup
plus, c'est du nombre de votes qu'il y a eu en chaque

sens ; pour ma part, en effet, je ne croyais pas que
l'écart serait si faible ; au contraire je l'aurais cru
très grand. En fait, semble-t-il bien, si trente voix
seulement s'étaient retournées, je me serais tiré
d'affaire. Donc, en ce qui concerne l'accusation de
Mélètos, même maintenant je m'en suis tiré, et
non seulement je m'en suis tiré, mais il y a une chose
au moins, qui pour tout le monde est claire, c'est
que, si Anytos et Lycon ne s'étaient pas présentés
à la barre pour m'accuser conjointement avec lui,
(b) il aurait été condamné à l'amende de mille
drachmes, faute d'avoir obtenu le cinquième des
voix [43].

En tout cas, la peine qu'il propose pour moi est la
mort. Eh bien! Athéniens, quelle contre-proposi-
tion de peine vous ferai-je maintenant ? N'est-il
pas clair que ce sera celle que je mérite ? Cela étant,
laquelle ? Quel traitement ou quelle pénalité puis-je
bien mériter, oui, pour n'avoir pas mené une
paisible existence ? mais pour n'avoir eu, au contraire
nul souci de ce dont justement se soucient la plupart des gens : des affaires d'argent, de l'administration de leurs biens, des charges de stratège, des
succès oratoires devant l'Assemblée, de tout ce qu'il
y a encore de magistratures, de cabales, de factions
existant dans la Cité ? pour m'être réellement jugé
trop brave homme *(c)* pour assurer mon salut en
recourant à de tels moyens ? Non, je ne me suis
pas engagé dans une voie où, si j'y étais entré, je
n'aurais été d'aucune utilité, ni à vous, ni à moi-
même ; mais plutôt engagé dans celle où, à chacun
de vous en particulier, je ferais du bien, le bien le
plus grand, c'est ce que je déclare ; je m'y suis engagé,
essayant de persuader à chacun de vous, et de n'avoir

souci d'aucune de ses propres affaires, avant d'avoir
souci, pour lui-même, de devenir le meilleur et le
plus sensé possible ; et de ne point avoir souci de
l'administration de l'État, avant de vous soucier de
l'État lui-même [44] ; de vous soucier ainsi de tout
le reste selon le même principe! *(d)* Oui, quel traitement puis-je bien mériter pour avoir été un pareil
homme ? Un bon traitement, Athéniens, au moins
si la chose à fixer par moi doit être véritablement
en rapport avec ce qu'on a fait ; oui, en vérité, un
bon, et de nature à être celui qui siérait à l'homme
que je suis! Dans ces conditions, quel est celui qui
sied à un homme pauvre, lequel est un bienfaiteur,
et qui a besoin d'avoir du loisir pour vous adresser
des recommandations sur ce qui concerne le vôtre ?
Il n'y en a pas, Athéniens, qui siée autant que de
nourrir un pareil homme, aux frais de l'État, dans
le Prytanée [45], à bien meilleur titre que tel d'entre
vous qui a été vainqueur aux Jeux Olympiques
dans la course de chevaux, ou dans les courses de
chars, attelés à deux ou bien à quatre! Celui-ci
effectivement fait que vous passez pour être heureux ;
moi, je fais que vous l'êtes ; *(e)* lui, ce riche, il n'a
pas besoin qu'on pourvoie à sa subsistance ; moi,
j'en ai besoin. Si donc c'est conformément à la justice que doit être fixée la chose méritée, *(a)* voici
celle que je fixe pour moi : être, aux frais de l'État,
nourri dans le Prytanée.

Mais, en cela encore, sans doute penserez-vous
que mon langage est très voisin de celui que je tenais
au sujet des lamentations et supplications : bref,
que je m'entête dans mes bravades! Rien de tel,
Athéniens, mais bien plutôt quelque chose de ce
genre : je suis convaincu de n'être coupable, au moins

volontairement, envers qui que ce soit ; mais vous,
je ne vous en convaincs pas ; c'est que nous avons eu
peu de temps à nous entretenir ensemble ; car, à
ce que je crois, si c'était chez vous, comme chez
d'autres peuples [46], *(b)* la règle de ne pas consacrer
rien qu'un jour, mais bien plusieurs, à juger une
affaire capitale, alors vous eussiez été convaincus!
Mais, en fait, il n'est pas facile, en peu de temps,
de se disculper d'imposantes calomnies. Dès lors,
bien convaincu de n'être coupable envers personne,
tant s'en faut que je veuille me rendre coupable envers
moi-même, et, sur mon propre compte, déclarer
moi-même que je mérite je ne sais quel mal, fixer
enfin pour moi-même de quelle sorte devra être
ce mal! Par crainte de quoi? Est-ce de n'avoir pas
à subir cette peine qu'a fixée pour moi Mélètos, et
dont je déclare ne point savoir, ni si c'est un bien,
ni si c'est un mal? En place de cela, me faut-il donc
choisir entre les choses dont je sais pertinemment
que ce sont des maux et m'assigner celle-là comme
pénalité? Sera-ce l'emprisonnement? *(c)* Quelle
obligation ai-je de vivre en prison, dans la servitude
des magistrats qui sont périodiquement institués
pour s'en occuper, les Onze [47]? Sera-ce plutôt une
amende, et la détention jusqu'à ce que je l'aie payée?
Mais alors je répète exactement ce que je disais tout
à l'heure : c'est que je ne trouverai pas de quoi la
payer! Sera-ce donc le bannissement que je devrai
plutôt m'assigner comme peine? Peut-être est-ce
en effet celle que vous fixeriez pour moi. Ah! j'aurais
vraiment alors un bien grand amour de la vie, si
j'étais irréfléchi au point de n'être pas capable de
réfléchir à ceci : vous qui êtes mes concitoyens,
vous avez fini par ne pas trouver moyen de suppor-

ter *(d)* les sermons [48] que je vous adresse ; ils ont fini au contraire par vous être un fardeau assez lourd et assez haïssable pour que vous cherchiez aujourd'hui à vous en délivrer ; seront-ils alors plus faciles à supporter pour d'autres ? Il s'en faut de beaucoup, Athéniens! Ainsi, quelle belle existence ce serait pour moi, à mon âge, de partir pour l'exil et de vivre en changeant toujours de résidence, une ville après une autre, expulsé de toutes! Car, je le sais fort bien, partout où j'irais, la jeunesse, comme ici, viendrait pour m'entendre parler ; si je la repousse, ce sera elle qui prendra l'initiative de me mettre dehors *(e)* en le persuadant aux anciens ; si au contraire je ne la repousse pas, ce sera à cause d'elle que les pères et les proches prendront cette initiative.

Mais peut-être y aura-t-il quelqu'un pour dire : « Ne te sera-t-il donc pas possible, Socrate, une fois exilé, de vivre en gardant le silence et en te tenant tranquille ? » Voilà justement ce qu'il est le plus difficile de persuader à certains d'entre vous : si je vous dis en effet que c'est là désobéir au Dieu et que, pour cette raison, il m'est impossible de me tenir tranquille, *(a)* vous ne me croirez pas, convaincus que c'est de ma part feinte naïveté [49]. Et, si j'ajoute cette fois que c'est là précisément pour un homme le bien le plus grand, de s'employer chaque jour à parler de la vertu et de ce dont encore vous m'entendez m'entretenir tandis que je procède à l'examen de moi-même comme des autres, et enfin, qu'une vie à laquelle l'examen fait défaut ne mérite pas qu'on la vive, vous me croirez bien moins encore si je vous dis cela! Or ce sont des choses, Juges, qui sont comme je déclare qu'elles sont ; mais il n'est

pas facile de les persuader. Ce n'est pas tout :
l'habitude me manque, à moi, de réclamer pour
moi aucun mal! Si en effet j'avais quelque fortune,
(b) je m'assignerais pour peine l'amende pécuniaire
que je serais en situation de payer ; en quoi effectivement je ne me ferais nul dommage! Mais, en
fait, je n'en ai pas..., à moins que vous ne veuillez
bien, par hasard, fixer cette amende à ce que je
serais capable de payer : oui, il est possible que je
sois capable de vous payer la somme d'une mine [50]...
Voilà donc le montant de l'amende que je fixe pour
ma peine. Cependant, Athéniens, Platon que voici,
ainsi que Criton, Critobule et Apollodore, m'invi-
tent à fixer cette amende à trente mines, dont ils
garantissent personnellement le paiement. Tel est
donc le montant de l'amende à laquelle je me
condamne, et mes garants seront envers vous de sûrs
répondants pour la somme à payer. *(c)*

III. LES JUGES ONT DÉLIBÉRÉ

Socrate est condamné à mort.

Ce n'est pas en vérité, Athéniens, pour gagner
beaucoup de temps que vous vous serez fait, de la
part de ceux qui souhaitent jeter l'opprobre sur notre
Cité, le renom et l'accusation d'avoir été les meur-
triers d'un homme sage, de Socrate! Car ils diront
évidemment que je suis un sage, quoique je ne le
sois pas, ceux qui souhaitent vous faire reproche.
Si, dis-je, vous aviez attendu un peu de temps vous

auriez, sans avoir à vous en mêler, obtenu ce résultat ; car vous voyez mon âge, vous voyez que je suis déjà avancé dans la vie, et tout près de la mort.

Or, ce que je dis là ne s'adresse pas à vous tous, *(d)* mais à ceux dont les votes m'ont condamné à mort [51]. Et voici ce que j'ai encore à dire à ces mêmes hommes. Sans doute pensez-vous, Citoyens, que ce qui m'a perdu c'est mon indigence à l'égard de ces sortes de propos par lesquels je vous aurais persuadés, si j'avais pensé devoir tout faire absolument et tout dire pour échapper à la peine. Ah ! il s'en faut de beaucoup. Non, l'indigence qui m'a perdu, ce n'est certes pas celle de la parole, mais bien de l'audace et de l'effronterie ; c'est aussi de n'avoir pas consenti à vous tenir cette sorte de langage qu'il vous est le plus agréable d'entendre, celui de mes gémissements et de mes plaintes, *(e)* sans parler d'une foule d'autres choses, indignes de moi, je l'affirme hautement, que j'aurais faites ou dites : telles enfin que vous vous êtes même accoutumés à les entendre de la part des autres ! Mais, ni je n'ai pensé devoir alors rien faire en considération du péril où j'étais, rien qui fût indigne d'un homme libre, ni je ne me repens à cette heure de m'être ainsi défendu. Tout au contraire, je préfère de beaucoup mourir après m'être défendu comme cela, que de vivre en m'étant défendu de l'autre manière ! Pas plus en effet au tribunal qu'à la guerre, on ne doit, pas plus moi qu'aucun autre, *(a)* employer ces moyens-là pour échapper, à tout prix, à la mort ! Dans les combats en effet, maintes fois il apparaît clairement que l'on échapperait à la mort en jetant ses armes, en se décidant à des supplications envers ceux qui vous poursuivent. En toute autre occasion

périlleuse, il y a aussi beaucoup de moyens d'éviter
la mort, à condition d'avoir l'audace de tout faire
et de tout dire. Mais peut-être bien n'est-ce pas,
cela, Citoyens, qui est difficile, d'échapper à la mort :
ce qui est en revanche bien plus difficile, c'est d'échapper au risque d'être jugé méchant, car c'est un
risque qui court plus vite. Ainsi, à présent, lent et
vieux comme je suis, à ce titre, le plus lent des
deux m'a attrapé, *(b)* tandis que mes accusateurs,
eux qui ont vigueur et rapidité, le sont par le plus
rapide, par la perversité. Et moi, à présent, je vais
m'en aller reconnu par vous coupable, par vous
condamné à mort, tandis qu'ils s'en iront, eux,
après qu'ils auront été, par la Vérité, jugés coupables
d'improbité et d'injustice! Je m'en tiens, moi, à la
peine que vous m'avez fixée, et eux, à la leur :
voilà sans doute comme il fallait probablement
qu'il en fût, et il en est, je crois, parfaitement ainsi.

Or, après cela, j'ai bonne envie de vous faire une
prophétie, *(c)* ô vous dont les votes m'ont condamné.
C'est que déjà j'en suis à l'heure où les hommes sont
les plus capables de prophétiser, à l'heure où ils
vont mourir [52]. Je vous annonce en effet, Citoyens
qui avez voulu que je meure, la venue pour vous,
tout de suite après ma mort, d'un châtiment beaucoup plus sévère que celui auquel vous m'avez
condamné en voulant que je meure. Car, en faisant
cela aujourd'hui, vous avez cru être dorénavant
libérés de l'obligation de soumettre à l'épreuve votre
façon de vivre. Or, je vous l'annonce, c'est tout le
contraire qui vous arrivera : le nombre augmentera,
de ceux qui pratiquent cette mise à l'épreuve envers
vous ; *(d)* à présent je les retenais, mais vous, vous
ne vous en rendiez pas compte : ils seront d'autant

plus sévères qu'ils seront plus jeunes [53], et vous, vous
en serez davantage irrités ! Vous vous imaginez en
effet que, en mettant des gens à mort, vous em-
pêcherez qu'on vous reproche de ne pas vivre droi-
tement ; ce n'est pas une idée juste de votre part.
Cette libération-là en effet n'est, ni bien efficace,
ni bien belle ; la plus belle au contraire et la plus
pratique, c'est, au lieu de supprimer les autres, de
se préparer soi-même à être le meilleur possible.
Voilà donc en quels termes, ayant fait ma tâche
de devin, je me sépare de vous, dont les votes m'ont
condamné. *(e)*

Quant à ceux dont les votes m'ont acquitté,
j'aurais plaisir à m'entretenir avec eux au sujet de
cette affaire qui vient de se passer, pendant le temps
que les Magistrats [54] sont occupés, et que ce n'est
pas encore le moment pour moi d'aller où, quand
j'y serai allé, il me faudra mourir. Allons, vous,
le temps que cela durera, continuez à m'être dévoués,
quoique rien ne vous empêche, tant que c'est permis,
de bavarder entre vous ! *(a)* C'est en effet comme
à des amis, que je suis disposé à vous faire voir, à
propos de ce qui m'advient, quelle signification
cela peut bien avoir. Voyez-vous, vous, Citoyens
qui êtes des juges [55] (car en vous appelant « citoyens qui êtes des juges », je vous donnerais l'appel-
lation correcte !), il m'est arrivé une chose merveilleuse : c'est que la divination qui m'est coutumière,
celle du je ne sais quoi de démonique, s'était présentée à moi dans les jours qui ont précédé, tout le
temps, avec une extrême fréquence, à chaque occasion, même tout à fait banale, pour m'empêcher de
faire ce que j'aurais eu tort de faire. Or, à présent
il m'est advenu, ce que justement vous voyez vous

aussi et que l'on pourrait en vérité tenir comme le
malheur suprême et que l'on tient en fait pout tel.
(b) Et pourtant, ni à l'heure où, de grand matin,
je sortais de chez moi, ni au moment où ici, devant
le tribunal, je montais à l'estrade, ni à aucun instant de mon plaidoyer, quand j'allais dire telle ou
telle chose, le signal de la Divinité n'est venu m'en
empêcher, quoique mainte autre fois il lui soit arrivé,
lorsque je parlais, de m'arrêter au beau milieu de
ce que j'étais en train de dire ; tandis qu'aujour-
d'hui il ne m'a, au cours de la présente affaire, opposé
aucun empêchement, ni à ce que je faisais, ni à ce
que je disais. Or quelle raison supposé-je à cela ?
Je m'en vais vous la dire : c'est que, effectivement,
ce qui m'est advenu a chance d'être pour moi un
bien, et qu'il n'est pas possible que ce soit de notre
part une supposition juste, *(c)* tous tant que nous
sommes qui considérons que mourir est un mal.
C'est de quoi une preuve remarquable s'est présentée
à moi : impossible en effet que je n'eusse pas été
empêché par le signal divin accoutumé, si je n'avais
pas dû faire quelque chose de bien !

Mais voici pour nous une autre façon encore dont
nous devons nous représenter quel abondant espoir
il y a que ce soit un bien [56]. Mourir, en effet, c'est
l'une ou l'autre de ces deux choses ; car, ou bien la
chose est de telle sorte que la mort n'a absolument
pas d'existence et qu'il n'a non plus aucune
conscience de quoi que ce soit, ou bien, comme on
le dit, c'est précisément un changement d'existence,
et, pour l'âme, une migration de ce lieu-ci vers un
autre lieu. Supposons que toute conscience dispa-
raisse, *(d)* que ce soit plutôt un sommeil, tel que
celui d'un dormeur à qui toute vision, fût-ce de

rêve, fait défaut : ce serait un merveilleux profit
que la mort! Si l'on avait en effet, je pense, à faire
son choix entre cette nuit où l'on a dormi au point
de n'avoir pas même eu de vision en rêve, et les
autres nuits, aussi bien que jours, de sa propre vie,
et que, la comparaison faite avec cette nuit-là, on
eût à dire après examen pendant combien de jours
et combien de nuits de sa propre vie, on a mieux
et plus agréablement vécu, on les trouverait (et non
pas seulement tel simple particulier, mais le Grand
Roi [57]) *(e)* faciles à compter, je pense, ces nuits-là
au regard du reste de ses jours et de ses nuits! Si,
dis-je, la mort est quelque chose de cette sorte, elle
est selon moi un profit, puisque à ce compte la totalité du temps ne dure évidemment pas plus qu'une
nuit unique! Supposons cette fois que la mort, ce
soit comme d'aller, d'ici, faire un voyage quelque
part ailleurs, et que ce qu'on dit soit la vérité, à
savoir justement que là-bas sont tous les morts,
sans exception, quel bien, vous, Citoyens qui êtes
des juges, pourrait-il y avoir qui fût plus grand que
celui-là? *(a)* Si en effet, une fois parvenu chez
Hadès, libéré de ces hommes qui prétendent rendre
la justice, on y doit trouver les juges qui le sont
véritablement, ceux-là mêmes qui la rendent là-
bas : Minos, Rhadamanthe, Éaque, Triptolème [58]
avec tous les autres qui, entre les demi-dieux, ont
été des justes dans leur propre vie, serait-ce un
misérable voyage que l'on ferait ainsi? La compagnie d'Orphée, de Musée, d'Hésiode, d'Homère, à
quel prix tel ou tel ne se la voudrait-il pas? Moi,
si cela est la vérité, j'accepte de mourir cent fois,
vu que, pour moi personnellement aussi, ce serait
en ce lieu une merveilleuse conversation, *(b)* chaque

fois que je rencontrerais Palamède, et Ajax, le fils de Télamon, ou tel autre des hommes du passé qui a pu mourir par l'effet d'un jugement injuste, et au sort desquels il ne me serait pas déplaisant, je crois, de comparer celui qui m'est fait [59]. Mais le plus intéressant, c'est que je pourrais, en conversant avec eux, soumettre les gens de là-bas à mon examen et à mon enquête, tout comme avec ceux d'ici, pour savoir qui d'entre eux est sage, et qui se figure qu'il l'est, sans l'être réellement. Or, à quel prix ne voudrait-on pas, vous, Citoyens qui êtes des juges, pouvoir soumettre à l'examen celui qui a conduit devant Troie l'immense armée [60], *(c)* ou bien Ulysse, ou encore Sisyphe, des milliers d'autres aussi, femmes et hommes, que l'on pourrait nommer ; avec qui ce serait le comble du bonheur là-bas, et de s'entretenir, et de faire société, et de procéder à un examen ? Au moins est-il en tout cas supposable que là-bas ce n'est pas un motif de mettre des gens à mort ! Car, si ce qu'on dit est la vérité, sans parler des autres raisons qu'ont les gens de là-bas d'être plus heureux que ceux d'ici, ils sont, pour le reste de la durée, désormais exempts de mourir !

Mais vous aussi, hommes qui faites justice, il vous faut être pleins de bon espoir à l'égard de la mort et ne considérer comme une vérité rien d'autre que ceci : *(d)* qu'il n'est pas possible qu'il n'y ait aucun mal pour un homme de bien, ni pendant sa vie, ni une fois qu'il est mort ; que les Dieux ne se désintéressent pas non plus de ce qui le concerne proprement [61], que, pas davantage, ce qui est arrivé aujourd'hui pour ce qui me concerne n'est dû au hasard, mais la preuve qu'il était pour moi meilleur de mourir dès à présent et d'être libéré des choses de ce monde! Voilà pourquoi aussi, à aucun moment le divin signal ne m'a détourné et pourquoi je ne suis pas, quant à moi, très fâché contre ceux dont les votes m'ont condamné, ni contre mes accusateurs.

Ce n'est pas dans cette pensée toutefois, ni qu'ils ont voté contre moi, ni qu'ils m'ont accusé, *(e)* mais en croyant me causer un dommage. Cela, c'est quelque chose dont ils méritent d'être blâmés. A la vérité, tout ce que je leur demande, le voici : « Quand mes fils seront devenus grands, châtiez-les, vous, en leur infligeant exactement les mêmes souffrances que je vous infligeais, si, à votre avis, ils font passer le souci de leur fortune, ou de quoi que ce soit d'autre, avant celui de la vertu ; s'ils se croient quelque chose alors qu'ils ne sont rien; faites-leur le reproche que je vous faisais : de ne pas avoir souci de ce qu'il faut, et, quand on ne vaut rien, de se croire quelque chose. *(a)* Si vous faites cela, vous aurez fait envers moi des actes de justice, envers moi personnellement comme envers mes enfants! »

Voilà pourtant que l'heure est déjà venue de nous en aller, moi pour mourir dans quelque temps, vous pour continuer à vivre! Qui, de vous ou de moi, va vers le meilleur destin? C'est pour tout le monde chose incertaine, sauf pour la Divinité!

Criton

ou
du devoir

Socrate, Criton

Prologue.

(a) SOCRATE : Qu'est-ce que tu viens faire ici à cette heure, n'est-on pas encore très matin ?

CRITON : Hé oui! c'est vrai.

SOCR. : Quelle heure à peu près ?

CRI. : Le tout petit jour!

SOCR. : Je suis surpris que le Gardien de la prison ait consenti à répondre à ton appel...

CRI. : Nous sommes déjà bien ensemble, Socrate, en raison de mes fréquentes visites ici, et aussi parce qu'il a reçu de moi quelques politesses...

SOCR. : Arrives-tu à l'instant, ou es-tu depuis longtemps ici ?

CRI. : Depuis assez longtemps.

(b) SOCR. : Comment, alors, ne m'as-tu pas réveillé tout de suite, au lieu de t'asseoir en silence contre mon lit ?

CRI. : Non, par Zeus! je n'aurais pas accepté pour mon compte, Socrate, de rester si longtemps éveillé avec un pareil chagrin, si je n'avais été, depuis longtemps, le témoin émerveillé de ton sommeil tellement paisible! Et c'est avec intention que je

ne t'éveillais pas, pour te permettre de continuer
à en goûter toute la paix! Maintes fois, certes, même
auparavant dans tout le cours de ton existence,
j'ai admiré ton heureuse humeur! Mais, dans le
malheur qui actuellement se présente pour toi,
c'est bien un comble, que tu en supportes le poids
avec une telle aisance et une telle douceur!

Socr. : Le fait est, Criton, que, à l'âge où je suis,
ce serait commettre une faute de mesure que de
s'irriter (c) parce que qu'il faut déjà mourir!

Cri. : Il y en a d'autres, Socrate, qui, en butte,
au même âge, à de semblables malheurs, n'y résistent pas, et leur âge ne les dispense nullement de
s'irriter contre l'infortune qui alors se présente à eux.

Socr. : C'est exact... Mais enfin, qu'es-tu venu
faire ici de si grand matin?

Cri. : T'apporter, Socrate, une pénible nouvelle,
une nouvelle accablante, non pas pour toi, je le vois
bien, mais pour moi et pour tous ceux qui sont tes
fidèles : oui, pénible et accablante, et il n'y aurait
personne, si je m'en crois, pour la supporter avec
plus d'accablement que moi-même!

Socr. : Quelle est cette nouvelle? Est-il arrivé
de Délos, le navire (d) à l'arrivée duquel il faut que
je meure [1]?

Cri. : Non, certes, il n'est pas arrivé! Mais il sera
là aujourd'hui, je pense, d'après ce qu'annoncent
des gens qui viennent de Sounion et qui l'y ont
laissé [2]. De leur rapport il résulte clairement qu'aujourd'hui il sera là ; et, alors, c'est forcément le
lendemain, Socrate, que tu termineras ta vie!

Socr. : Eh bien, Criton! bonne chance alors! et,
si c'est ainsi qu'il plaît aux Dieux, ainsi en soit-il!
Je ne crois pas pourtant qu'il soit là aujourd'hui...

(a)Le songe.

CRI. : Et sur quoi te fondes-tu ?

SOCR. : Je m'en vais te le dire. C'est en effet, je pense, le lendemain du jour où le navire sera arrivé qu'il faudra que je meure...

CRI. : Telle est au moins, sûrement, la déclaration de ceux qui ont autorité en l'espèce [3]...

SOCR. : Aussi bien ne crois-je pas qu'il sera là ce jour qui vient, mais l'autre, et, pour le dire, je me fonde sur un songe dont, au cours de cette nuit même, j'ai eu un peu auparavant la vision. Il y a même chance que, assez opportunément, tu ne m'aies pas réveillé!

CRI. : Mais qu'était-ce donc que ce songe ?

SOCR : J'eus l'impression de voir venir à moi une femme, belle et pleine de grâce, *(b)* portant des vêtements blancs, qui m'appela par mon nom et me dit : « Socrate, *trois jours après, tu peux arriver dans la Phthie fertile* [4]... »

CRI. : L'étrange songe, Socrate!

SOCR. : Bien plutôt parfaitement clair, Criton, à ce qu'il me semble.

CRI. : Trop clair, apparemment!

I. 1. *Criton propose à Socrate de s'évader.*

« Allons! Socrate, diable d'homme, à présent même, une fois encore, écoute mes avis, et te mets en sûreté! Dis-toi bien que, si tu meurs, unique ne sera pas pour moi ce malheur ; mais, sans compter que je serais privé d'une amitié telle que jamais je ne trouverais la pareille [5], de plus je me ferais encore, auprès de bien des gens qui ne nous connaissent pas assez bien, ni toi, ni moi, cette réputation, que, *(c)* étant à même de te sauver si j'avais consenti à y dépenser mon argent, j'ai négligé de le faire! Y aurait-il pourtant plus déshonorante réputation que celle-là! que la réputation d'être un homme qui fait plus de cas de son argent que de ses amis! Car la plupart ne se persuaderont pas que c'est toi, toi seul, qui as refusé de t'en aller d'ici, alors que nous y mettions, nous, tout notre zèle!

Socr. : Mais pourquoi nous soucier à ce point, bienheureux Criton, de l'opinion du plus grand nombre? Les plus gens de bien en effet, desquels il vaut bien mieux se préoccuper, jugeront que l'affaire a été réglée exactement comme elle pouvait se régler!

(d) Cri. : Tu vois bien cependant, Socrate, qu'il est nécessaire d'avoir souci, même de l'opinion du plus grand nombre! Ta situation présente fait, à elle seule, clairement voir que ce plus grand nombre est à même de produire des effets qui ne sont pas les moindres des maux, mais presque les plus graves, quand auprès de lui on a été calomnié!

Socr. : Ah! Criton, si seulement ce plus grand nombre était capable de produire les maux les plus graves, en sorte qu'il fût capable aussi de produire les plus considérables des biens! Ce serait l'idéal [6]. En fait, il n'a la capacité ni de l'un, ni de l'autre; car il est impuissant à rendre quelqu'un raisonnable ou déraisonnable; mais, s'il le fait, c'est à l'aventure!

(e) Cri. : Mettons donc qu'il en soit ainsi! Or, dis-le-moi, Socrate, n'est-ce pas en vérité ta sollicitude, à mon égard comme à l'égard du reste de

tes fidèles, qui t'empêche de t'en aller d'ici ? Tu
crains que, dans ce cas, les sycophantes [7] ne nous
suscitent des tracas, pour t'avoir enlevé furtivement
de la prison, et que nous ne soyons dans la nécessité,
soit de perdre tout notre bien, soit de verser de
grosses sommes d'argent, ou même d'avoir en outre
quelque peine à subir. *(a)* Si en effet c'est de quelque
chose de semblable que tu as peur, envoie promener
cette crainte ! C'est en effet notre droit, je pense,
une fois ton salut assuré, de courir ce risque, et
même, s'il le faut, un risque plus grand que celui-là !

SOCR. : Cette sollicitude est réelle, Criton. Il y
a beaucoup d'autres choses encore auxquelles je
pense...

CRI. : De cela aussi n'aie donc pas peur ! En fait,
ce n'est même pas pour beaucoup d'argent que certains acceptent de te mettre en sûreté et de te tirer
d'ici ; et les sycophantes, ne vois-tu pas qu'ils sont
bon marché, et qu'avec eux on n'aurait pas du tout
besoin de beaucoup d'argent ! *(b)* Or ma fortune
est à ta disposition et serait, à ce que je crois, bien
suffisante. D'ailleurs, si, par égard pour moi, tu
penses que je ne dois pas dépenser ce que je possède,
il y a ici les étrangers que tu sais, tout prêts à cette
dépense : l'un d'eux a même apporté avec lui la
somme suffisante, dans cette intention justement :
c'est Simmias de Thèbes ; Cébès [8] y est tout prêt aussi,
sans parler d'un bon nombre d'autres. Ainsi, je le
répète, là non plus, il n'y a rien à craindre qui doive
te décourager de faire toi-même ton salut.

« Pas davantage ne dois-tu craindre d'avoir ces
difficultés dont tu parlais devant le tribunal [9] :
tu ne saurais, disais-tu, une fois ce pays quitté, que
faire de toi. *(c)* Partout, en effet, où ailleurs tu

pourras bien te rendre, on te fera bon accueil. Si
tu veux aller en Thessalie, j'ai dans ce pays-là des
hôtes qui auront pour toi beaucoup d'égards et qui
t'assureront une sécurité capable de t'éviter des
désagréments de la part de quiconque en Thessalie.
Mais en outre, Socrate, il n'y a même pas de justice
à toi, me semble-t-il, dans ton dessein de te livrer
ainsi toi-même, alors que le salut est possible pour
toi ; et tu mets tous tes soins à faire que t'arrive ce
genre de choses à quoi justement tes ennemis auraient donné tous leurs soins, ont donné en effet
tous leurs soins, dans l'intention de te perdre! Sans
compter que ce sont tes fils aussi que, me semble-t-il
bien, tu livres aussi, *(d)* tes fils que tu te presseras
de laisser derrière toi, quand il t'était possible de
les élever jusqu'au bout, de faire jusqu'au bout leur
éducation ; et, pour ce qui te concerne, tu ne
t'inquiètes pas de savoir quel sort ils pourront bien
avoir! Ce sort, vraisemblablement, ce sera d'être
exposés à ce genre de malheurs auquel, d'habitude,
la situation d'orphelin expose les orphelins : ou bien,
en effet, il ne faut pas faire d'enfants, ou bien il
faut prendre ensemble la peine de les élever et de
faire leur éducation! Or, tu m'as l'air, toi, de prendre
le parti qui présente le moins de difficulté, alors
que celui qu'il faut prendre, c'est le parti que prendrait un homme de bien et un vaillant! Et tu proclames qu'une conduite méritoire est le souci de
toute ta vie!

(e) « Quelle honte, pour ma part, je ressens,
aussi bien en ce qui te concerne qu'en ce qui nous
concerne, nous, tes fidèles, à la pensée qu'on puisse,
eu égard à toi, imputer à un manque de virilité de
notre part, la conduite de l'affaire en toutes ses

parties : la venue du procès devant le tribunal
dans les conditions où elle y est venue, alors qu'il
était possible qu'elle n'y vînt pas ; la façon dont se
sont déroulés les débats mêmes du procès ; et, pour
finir je pense ce dénouement dérisoire si je puis
dire, de l'action [10] ! *(a)* Oui, qu'on puisse imputer
à une certaine indignité de notre part, à un manque
de virilité, d'avoir laissé échapper l'occasion ; de
n'avoir pas été plus capables de te sauver que tu ne
te sauvais toi-même, quand il y avait moyen et
possibilité de le faire, si nous avions été bons à quelque chose, si peu que ce fût ! Ainsi tout cela, Socrate,
en même temps que c'est mal, prends garde que ce
ne soit déshonorant, pour toi comme pour nous !
Allons, consulte-toi ! Mais l'heure n'est-elle passée,
plutôt , de prendre conseil de toi-même ? c'est l'heure
d'avoir pris conseil ! Il n'y a qu'un parti : la nuit
prochaine [11], il faut en effet que tout cela soit une
affaire faite ; si nous devons tarder encore, la chose
alors est impossible, il n'y aura plus moyen ! Allons,
Socrate ! en tout état de cause, écoute mes avis et ne
fais pas de résistance !

2. *Le refus de Socrate.*

(b) Socr. : Mon cher Criton, si ton zèle est accompagné de rectitude, il vaut beaucoup ; sinon, il est
d'autant plus regrettable qu'il est plus grand. En
conséquence, il nous faut examiner si, oui ou non,
nous devons nous conduire ainsi. Je suis homme,
vois-tu (et non pas seulement aujourd'hui [12], mais
en tout temps), à ne donner mon assentiment à
aucun autre de mes motifs, sinon au motif qui,

après supputation, se sera révélé à moi être le meilleur. Or, les motifs que j'ai allégués auparavant,
je suis, à l'heure qu'il est, impuissant à les jeter par-
dessus bord, sous prétexte qu'est survenu pour moi
le présent événement! Peu s'en faut, au contraire,
qu'ils ne se montrent tout pareils à mes yeux; et
ce sont les mêmes, exactement comme avant, que
je vénère et que j'honore! *(c)* Si je n'en ai pas de
meilleurs à alléguer présentement, sache bien que
je ne te céderai pas, quand bien même la puissance
de la multitude ferait, plus encore qu'à présent,
le croquemitaine à notre égard, comme envers des
enfants, en produisant à nos yeux incarcérations et
morts et confiscations de fortune!

« Mais comment pourrions-nous examiner tout
cela de la façon la plus convenable? Si, pour commencer, nous reprenions ce motif que tu allègues, relatif
aux opinions? Avait-on raison, ou non, de dire en
toute circonstance, qu'il y en a, parmi ces opinions,
(d) auxquelles on doit avoir égard, et d'autres non?
Avait-on raison de le dire avant que je dusse mourir?
ou bien, alors, est-il devenu manifeste que c'était
pour rien qu'on le disait, pour le plaisir de parler,
et que, en toute vérité, ce n'était qu'amusement
et vain bavardage? Or, j'ai envie quant à moi,
Criton, d'examiner en commun avec toi si ce motif
m'apparaîtra, du fait que je suis dans la situation
que voici, par trop altéré, ou bien identique; et si
nous lui souhaiterons le bonsoir ou si nous lui don-
nerons notre assentiment. On disait donc à peu
près, si je ne me trompe (c'était en toute circonstance le langage des gens qui pensent ne pas parler
pour ne rien dire!), que, entre les opinions que se
font les hommes, *(e)* il y a des opinions dont il faut

faire très grand cas, et d'autres, non : cela, Criton,
au nom des Dieux, a-t-on eu raison de le dire ? C'est
que toi, vois-tu (en tout cas à parler humainement),
(a) tu es, pour ce qui est d'avoir à mourir demain,
hors de cause et l'imminence de ce malheur ne saurait taper sur ton jugement ! Donc examine : à ton
avis, n'est-ce pas parler comme il convient, que de
dire qu'il ne faut pas, à l'égard des opinions humaines,
les honorer toutes, mais honorer les unes et non les
autres ? pas davantage celles de tous les hommes,
mais celles des uns, et non celles des autres ? Qu'en
dis-tu ? a-t-on raison de parler ainsi ?

CRI. : On a raison.

SOCR. : Or ce sont les bonnes, n'est-ce pas, que
l'on honore, et non les opinions perverses ?

CRI. : Oui.

SOCR. : D'autre part, les bonnes opinions sont
celles des gens raisonnables, les opinions perverses,
celles des gens déraisonnables ?

CRI. : Comment le nier ?

SOCR. : Poursuivons donc ! En quel sens, maintenant, le disait-on ? *(b)* Un homme qui fait de la
gymnastique, a-t-il égard, tandis qu'il pratique
cet exercice, aux éloges, aux blâmes, aux opinions
de n'importe qui ? ou bien d'un seul et unique homme,
de celui-là, précisément, qui sera médecin [13] ou maître
de gymnastique ?

CRI. : D'un seul et unique homme !

SOCR. : Ainsi les blâmes qu'il doit redouter, les
éloges qu'il doit accueillir avec empressement, ce
sont ceux de cet unique homme, mais non pas ceux
du plus grand nombre.

CRI. : C'est bien clair !

SOCR. : Ce sera donc de cette façon qu'il pratiquera

ses exercices, qu'il fera sa gymnastique, qu'il man-
gera, oui, et qu'il boira, de la façon, dis-je, qu'en
aura jugé cet unique homme, celui qui a la direction
et qui s'y connaît ; bien plutôt que de la façon dont
en jugent tous les autres, en bloc.

Cri. : C'est exact.

(c) Socr. : Eh bien! s'il désobéit d'autre part
à cet unique homme, s'il dédaigne son opinion et
ses éloges, s'il honore au contraire les éloges du
grand nombre et de ceux qui n'y connaissent rien,
est-ce qu'il n'en éprouvera aucun mal ?

Cri. : Comment en effet n'en éprouverait-il pas ?

Socr. : Or, qu'est-ce que ce mal ? où tend-il et
à laquelle des parties constituantes du désobéis-
sant ?

Cri. : A son corps, c'est clair ! voilà ce qu'il ruine
en effet.

Socr. : Bien dit. Et, touchant le reste aussi,
disons qu'il en est comme cela, pour n'avoir pas à
en parcourir tout le détail. Naturellement aussi
pour ce qui est juste et injuste, laid et beau, pour
ce sur quoi nous avons maintenant à prendre parti :
(d) est-ce l'opinion du grand nombre que nous
devons suivre et dont nous devons avoir peur ?
ou bien est-ce celle d'un unique homme, s'il y en a
un qui s'y connaisse, en face duquel, plus que face
à tous les autres en bloc, il nous faut avoir, et honte,
et peur ? Faute de nous faire les compagnons de
celui-là, nous corromprons, nous abîmerons ce qui,
tu le sais bien [14], s'améliorait par l'effet de la
justice, se ruinait par l'effet de l'injustice. Cela est-il
sans importance ?

Cri. : Cela n'est pas sans importance : je le crois
comme toi, Socrate.

Socr. : Poursuivons donc! Si ce qui est amélioré par un régime sain, corrompu par un régime malsain, nous l'avons ruiné quand nous donnons notre assentiment, mais pas à l'opinion de ceux qui s'y connaissent, *(e)* est-ce que, une fois cela corrompu, il vaut pour nous la peine de vivre? Or cela, c'est le corps, n'est-ce pas?

Cri. : Oui.

Socr. : Mais nous vaut-il la peine de vivre avec un corps perverti et qui a été corrompu?

Cri. : Nullement!

Socr. : Mais, nous vaut-il alors la peine de vivre, quand ce qui a été corrompu en nous, c'est ce que l'injustice abîme, ce à quoi la justice est profitable? Ou bien donnons-nous une valeur moindre que celle du corps à cette chose-là, *(a)* à cette chose qui, de toutes celles qui sont nôtres, a chance d'être celle qu'intéressent l'injustice et la justice?

Cri. : Nullement!

Socr. : N'est-elle pas au contraire plus précieuse?

Cri. : Oui, de beaucoup!

Socr. : En conséquence, ô le meilleur des hommes, il ne nous faut absolument pas prendre tellement en considération ce que dira le grand nombre, mais ce que diront, et celui qui, l'unique, s'y connaît en matière de justice et d'injustice, et la Vérité elle-même! Aussi pour commencer, n'est-ce pas de ta part une proposition justifiée, de nous proposer, comme une obligation pour nous, de prendre en considération l'opinion du grand nombre sur le juste, le beau, le bien, et sur leurs contraires. « Il n'en est pas moins vrai, dira-t-on sans doute, *(b)* que le grand nombre est à même de nous faire périr!»

CRI. : C'est bien clair, cela aussi ; sans doute, Socrate, le dira-t-on en effet, tu as raison!

SOCR. : Et pourtant, homme admirable, il est encore, à mon avis du moins, tout pareil à ce qu'il était auparavant, le motif que nous avons exposé! En outre, le motif que voici, examine si, oui ou non, il subsiste aussi : à savoir que ce dont il faut faire le plus de cas, ce n'est pas de vivre, mais de vivre bien.

CRI. : Mais oui, il subsiste!

SOCR. : Or l'identité entre vivre et bien vivre d'une façon belle et juste, subsiste-t-elle aussi, oui ou non?

CRI. : Elle subsiste.

SOCR. : Ainsi, c'est en conséquence de ces deux points, sur lesquels nous nous accorderons, qu'il faut examiner celui-ci : est-il juste pour moi, ou n'est-il pas juste, d'essayer, *(c)* sans que les Athéniens m'aient donné mon congé, de m'en aller d'ici? Dans le cas où cela m'apparaîtra juste, essayons-le ; sinon, renonçons-y. Quant aux considérations alléguées par toi : dépenses d'argent, réputation compromise, enfants non élevés, j'ai bien peur, Criton, que ce ne soient là des considérations bonnes pour ceux qui, à la légère, font périr des gens, et qui, sans le moindre grain de raison, oui, les feraient revivre, s'ils étaient à même de le faire, c'est-à-dire pour ce grand nombre! Quant à nous, puisque, tout bien compté, notre motif est valable, nous n'avons rien d'autre à considérer que cela même, dont nous parlions tout à l'heure : nous conduirons-nous d'une façon juste en versant de l'argent *(d)* à ceux qui me feront sortir d'ici, en leur ayant de la reconnaissance, aussi bien toi en m'en faisant sortir, que moi en en sortant ? ou bien, en toute vérité, ne serons-nous pas injustes en faisant tout cela ? et, s'il nous apparaît avec évidence qu'en cela nous accomplissons des choses injustes, ne devons-nous pas renoncer à mettre en ligne de compte, la question, ni de savoir si, en demeurant ici sans bouger, il me faudra mourir, ni de savoir si, plutôt que de commettre l'injustice, il ne me faut pas subir n'importe quelle autre peine ?

CRI. : Voilà qui est bien parler, Socrate ; mais vois comment il faut que nous agissions !

SOCR. : Ensemble examinons-le, mon bon, et, si tu as quelque objection à faire à ce que je dis, fais ton objection, et je m'y rendrai. *(e)* Mais, si tu n'en as pas, finis désormais, bienheureux Criton, de me tenir, tant de fois, ce même langage, que, contre le gré des Athéniens, je dois m'en aller d'ici ! Car il est pour moi d'un grand prix de me conduire ainsi après t'avoir convaincu, au lieu de le faire contre ton gré.

« Considère donc, d'autre part, en ce qui concerne le point de départ de notre examen, s'il t'a donné satisfaction, *(a)* et essaie de répondre conformément à ta pensée aux questions que je te pose.

CRI. : J'essaierai.

SOCR. : Nions-nous qu'il y ait lieu d'aucune manière de commettre volontairement l'injustice ? Ou bien disons-nous qu'il y a lieu de la commettre d'une certaine manière, mais non d'une autre ? ou bien que d'aucune manière, il n'est ni bon, ni beau de commettre l'injustice, ainsi que nous en sommes maintes fois tombés d'accord antérieurement [15] ? A-t-il suffi de ce peu de jours pour que

nous aient coulé de l'esprit nos bons accords anté-
rieurs, accords qui datent de loin, Criton (à preuve
les vieillards chenus que nous sommes!), *(b)* et qui
résultaient des entretiens sérieux que nous avions
ensemble? étions-nous donc, sans nous en apercevoir, tout pareils à des enfants, quand nous nous
accordions là-dessus? N'est-il pas vrai, bien plutôt,
qu'il en est de cela comme nous le disions alors,
quoi que puisse dire, soit pour, soit contre, la multitude? Et, que la façon dont on nous traite doive
encore être plus dure que ne l'est celle-ci, qu'elle
doive être plus clémente, n'en sera-t-il pas moins
vrai que, de toute manière, c'est au mal et au déshonneur de celui qui commet l'injustice, que tourne
l'injustice qu'il commet? Est-ce par un oui ou par
un non qu'il faut répondre?

Cri. : C'est par un oui.

Socr. : D'aucune façon, donc, on ne doit commettre l'injustice.

Cri. : Non, bien sûr!

Socr. : Pas davantage, donc, à l'injustice commise
on ne doit répondre en commettant une injustice,
ainsi que se l'imagine la multitude, *(c)* puisque, et
même d'aucune façon, on ne doit commettre l'injustice.

Cri. : On ne doit pas le faire, c'est évident!

Socr. : Autre question : faire du tort à quelqu'un,
Criton, le doit-on aussi, ou ne le doit-on pas?

Cri. : Sans doute ne le doit-on pas, Socrate!

Socr. : Mais quoi? Répondre, en faisant du tort,
au tort que l'on a subi, ainsi que le prétend la multitude, est-ce juste ou n'est-ce pas juste!

Cri. : Ça ne l'est en aucune façon!

Socr. : Effectivement, entre faire du mal à autrui

et commettre l'injustice, il n'y a probablement pas de différence.

CRI. : C'est la vérité !

SOCR. : Donc, on ne doit, ni par l'injustice répondre à l'injustice, ni faire en retour du mal à aucun de ses semblables, et quelle que soit même la façon dont ils nous ont traité. Prends bien garde en outre, Criton, en m'accordant cela, à ne pas me l'accorder contrairement à ta pensée, *(d)* car il y a, je le sais fort bien, il y aura toujours, fort peu de gens à penser ainsi ! Cela étant, ceux qui pensent et ceux qui ne pensent pas de cette façon, le parti auquel ils s'arrêtent ne leur est pas commun ; ils ont au contraire forcément du dédain les uns pour les autres, en constatant le résultat de leurs mutuelles délibérations. Examine donc maintenant, avec grande attention même, si, toi aussi, tu es en communauté de vues avec moi, si tu penses ce que je pense, et si, dans notre délibération, nous devons partir de ce principe, que jamais il n'y a de rectitude, ni à commettre l'injustice, ni à répondre par l'injustice à l'injustice, ni, par un mauvais traitement dont on est victime, à rendre un pareil mauvais traitement ; ou bien si, au contraire, tu t'écartes, toi aussi, de ce principe et ne l'as pas en communauté avec moi. *(e)* Car tel est mon sentiment à moi, depuis longtemps comme à présent encore. Mais, si le tien est autre en quoi que ce soit, parle, explique-toi ! Si au contraire tu y persistes, écoute alors ce qui s'ensuit de ce principe.

CRI. : Parbleu oui ! j'y persiste, et je pense ce que tu penses. Tu n'as qu'à parler !

II. *Dialogue de Socrate avec les Lois de son pays.*

SOCR. : C'est donc ce qui s'ensuit du principe que je pose maintenant ; ou plutôt j'interroge : ce dont on a accordé à quelqu'un que c'est un acte juste, doit-on le faire ? ou faut-il décevoir ce quelqu'un par notre conduite ?

CRI. : On doit le faire !

SOCR. : Ceci posé, fais bien attention à ce qui en découle. *(a)* En nous en allant d'ici sans avoir eu l'assentiment de la Cité, nous conduirons-nous mal, ou non, envers quelqu'un, et cela envers quelqu'un à l'égard de qui une telle conduite devrait le plus être évitée ? Persistons-nous en outre, ou non, par cette conduite, dans ce que nous lui avons accordé être un acte juste ?

CRI. : Socrate, je suis hors d'état de répondre à ta question, faute de la comprendre.

SOCR. : Eh bien ! examine-la sous le jour que voici. Suppose que, au moment où nous nous proposons de nous enfuir clandestinement d'ici [16] (peu importe le nom qu'il faille donner à cela), viennent se dresser devant nous les Lois et la République d'Athènes, et qu'elles nous demandent : « Dis-nous, Socrate, qu'as-tu en tête de faire ? L'œuvre à laquelle tu te mets comporte-t-elle de ta part un autre dessein *(b)* que, pour ce qui est de toi, de nous ruiner, nous les Lois, et, avec nous, l'État tout entier ? Ou bien te semble-t-il qu'il soit possible à cet État de continuer à exister et de n'être pas de fond en comble renversé, si les jugements qui y sont rendus sont sans aucune force, et que, au contraire, par la volonté de simples particuliers, ils perdent toute autorité

et soient ruinés ? » A cela, et à d'autres propos du
même genre, que répondrons-nous, Criton ? Il y
aurait, vois-tu, bien des choses qu'on pourrait dire
(et surtout un orateur [17]) pour plaider contre la
ruine de cette loi qui prescrit que la chose jugée,
le jugement rendu, aient une autorité souveraine!
Leur répondrons-nous plutôt : *(c)* « C'est un fait
que la Cité a commis envers nous une injustice et
que la décision de justice est contraire au bon droit » ?
Est-ce là ce que nous répondrons ? ou bien quoi ?

Cri : Non, par Zeus! c'est cela même, Socrate!

Socr. : Mais que répondrions-nous, si cette réponse
nous était faite par les Lois : « Socrate, est-ce de
cela aussi que nous étions convenus, toi et nous ?
ou bien est-ce de ta promesse de respecter [18] les
jugements qui auront été rendus par la justice de
l'État ? » Et si nous montrions de la surprise en
entendant ainsi parler les Lois, probablement nous
diraient-elles : « Socrate, que nos paroles ne te
surprennent pas! Mais plutôt réponds-nous, puisque
aussi bien c'est ton habitude de procéder par questions et réponses. *(d)* Voyons en effet : qu'as-tu à
nous reprocher, à nous et à l'État, que tu entreprends ainsi notre perte? N'est-ce pas nous, en
premier lieu, qui t'avons engendré ? n'est-ce pas
par nous que ton père s'est marié à ta mère et qu'il
t'a donné le jour? Cela étant, expose-nous si tu
blâmes en quelque chose, comme mal faites, ces
lois en vertu desquelles nous réglons les mariages ? »
Je n'ai rien à y blâmer! dirai-je. « Mais alors, celles
que tu blâmes, sont-ce celles en vertu desquelles,
une fois né, l'enfant est élevé, reçoit une éducation,
qui fut ton éducation, à toi aussi ? Celles d'entre
nous qui ordonnent ces questions n'avaient-elles

pas raison de le prescrire, quand elles enjoignaient
à ton père de faire de la musique et de la gymnastique le fond de ton éducation [19] ? » *(e)* Elles avaient
raison! dirais-je. « Eh bien! une fois que tu as été
ainsi mis au monde, que tu as été complètement
élevé, complètement éduqué, tu serais à même de
prétendre, pour commencer, que tu n'étais pas à
nous, à la fois notre rejeton et notre esclave, aussi
bien toi personnellement que tes aïeux! Et, s'il en
est ainsi, te figures-tu qu'il y ait, entre toi et nous,
égalité du droit? que ce que, nous, nous pouvons nous
mettre en devoir de te faire, toi, tu aies le droit de
nous le retourner? Tu ne te figures pas, pensons-
nous, qu'envers ton père il y ait eu pour toi égalité
du droit, ou envers ton maître, s'il se trouvait que
tu eusses eu un maître, au point de retourner contre
eux le traitement même qu'ils auraient pu te faire
subir? *(a)* au point, ni de retourner contre ton père
le mal que tu lui entendrais dire de toi, ni de rendre
à ton maître les coups qu'il t'aurait donnés, ni
de faire encore quantité de choses du même genre?
Tandis qu'envers ta patrie et ses lois, nous devrons
penser que cela t'est permis? permis au point que,
si nous, nous entreprenons ta perte parce que nous
l'estimons de droit, toi, de ton côté, tu entreprennes,
dans la mesure de tes moyens, de nous perdre en
retour, et nous les Lois, et ta patrie? et que, ce
faisant, tu prétendes faire ce qui est ton droit, sous
prétexte que tu es l'homme qui a de la vertu un
souci véritable?

« Serais-tu sage au point de ne pas te rendre
compte que, en comparaison d'une mère comme
d'un père ainsi que du reste entier de tous tes aïeux,
(b) la patrie est chose plus auguste, plus sainte,

de plus haute classe, tant auprès des Dieux que des hommes raisonnables ? qu'elle doit être pieusement honorée et que, plus qu'à l'égard d'un père, il faut, quand la patrie se fâche contre vous, lui céder, lui donner des marques de soumission ? qu'on doit, ou bien la convaincre, ou bien alors faire ce qu'elle aura ordonné et subir, sans tergiverser, tel traitement qu'elle a prescrit de subir, que ce soit d'être frappé de verges ou chargé de chaînes, que ce soit d'aller à la guerre pour y trouver blessures ou mort ? Oui, tout cela on doit le faire, et c'est en une telle conduite que réside le droit : ne pas céder le terrain, ne pas reculer non plus, pas davantage lâcher son rang, mais, à la guerre comme au tribunal, comme partout, faire ce qu'aura ordonné la Cité, la patrie ; *(c)* sinon, la convaincre de la nature véritable du droit ! N'est-ce pas une impiété de faire violence, ou à son père, ou à sa mère : serait-elle moindre, quand c'est la patrie qui en est la victime ? » A ce langage des Lois, que répliquerons-nous, Criton ? Ont-elles, ou non, dit la vérité ?

CRI. : C'est bien mon avis !

Prosopopée des Lois.

SOCR. : Sans doute les Lois continueraient-elles en ces termes : « Eh bien donc, Socrate ! si nous disons la vérité, considère l'injustice qu'il y a à entreprendre d'agir à notre égard comme tu entreprends de le faire. Nous en effet, nous qui t'avons engendré, qui t'avons complètement élevé, complètement éduqué, nous qui t'avons fait part, à toi

comme à tout le reste des citoyens, de l'ensemble
des biens dont nous étions à même de vous faire
part, *(d)* nous donnons ensuite avis, par voie de
proclamation, que tout Athénien est libre, s'il le
souhaite, une fois admis au rang de citoyen [20],
expérience faite du régime en vigueur dans la Cité
et de ce que nous sommes, nous les Lois ; libre, si
nous ne lui plaisons pas, de s'en aller où il le voudra,
en emportant ce qui lui appartient. Aucune de nous,
les Lois, ne met obstacle à la volonté de tel d'entre
vous, de s'en aller dans une de nos colonies, ne le
lui interdit non plus, si nous, ni la Cité, ne lui plaisons ; à sa volonté de se rendre, *(e)* en emportant
ce qui lui appartient, quelque part ailleurs [21], pour
aller y établir sa nouvelle résidence. Mais en revanche,
celui d'entre vous qui sera resté ici, expérience faite
de la façon dont sont rendus les jugements de notre
justice et dont, par ailleurs, est administré l'État,
de celui-là désormais nous affirmons qu'il s'est en
fait mis d'accord avec nous pour faire ce que nous
pourrions lui ordonner ; et celui qui n'obéit pas, nous
affirmons qu'il est trois fois coupable de ne pas nous
obéir, et puisque c'est nous qui l'avons engendré,
et puisque c'est nous qui l'avons nourri, puisque
enfin, ayant convenu qu'il nous obéirait [22], il ne se
laisse pas convaincre par nos avis et ne nous convainc
pas non plus, *(a)* à supposer que nous soyons en
quelque point fautives : lui à qui nous proposons
cette alternative, au lieu de lui prescrire brutalement
de faire ce que nous pouvons avoir à lui ordonner,
lui à qui nous la concédons, ou bien de nous convaincre, ou bien de se conformer, et qui ne fait ni l'un,
ni l'autre ! Voilà donc à quels griefs, nous l'affirmons,
tu vas t'exposer, Socrate, si toutefois tu dois réaliser

le projet que tu as en tête ; et ce n'est pas toi qui,
entre les Athéniens, y seras le moins exposé, mais le
plus au contraire ! »

Or, si, moi, je leur demandais : « Pour quelle
raison, enfin ? », sans doute me gronderaient-elles
en me disant qu'entre les Athéniens c'est moi précisément qui, au plus haut point, ai conclu avec elles
ladite convention : *(b)* « Socrate, me diraient-elles
en effet, il y a des preuves sérieuses que nous te
plaisions, nous comme la Cité : jamais tu n'y serais
demeuré, à un degré exceptionnel en comparaison
du reste, en bloc, des Athéniens, si elle ne t'avait
pas plu à un exceptionnel degré ! Jamais tu n'es
sorti de la ville, ni pour être spectateur aux Jeux,
sinon une seule fois, à l'Isthme [23], ni pour aller nulle
part ailleurs, sinon ici ou là, pour prendre part à
une expédition militaire [24] ; ni jamais tu n'as fait,
comme les autres, de voyage au-dehors ; l'envie ne
t'a pas pris davantage de connaître une autre ville,
non plus que d'autres lois ; mais nous te suffisons,
nous et notre Cité. *(c)* Tant était forte ta prédilection
à notre égard, tant était fort ton consentement à
avoir une vie civique en conformité avec nous ;
et notamment tu as procréé tes enfants dans cette
Cité, prouvant ainsi qu'elle te plaît ! Ce n'est pas
tout encore : dans ton procès il t'était permis de
t'assigner l'exil pour peine, si tu l'avais voulu [25],
et de faire alors, avec l'assentiment de la Cité, cela
même que maintenant tu projettes de faire contre
son assentiment. Mais, alors, tu paradais, en assurant
que, s'il te fallait mourir, tu n'en concevrais point
d'irritation ; qu'à l'exil (c'étaient tes propres paroles)
tu préférais la mort ! tandis que, aujourd'hui, le
souvenir de ces propos-là ne te fait point rougir,

la honte ne t'inspire pas de t'inquiéter de nous, des Lois ; et tu projettes notre perte ! *(d)* Ta conduite est exactement ce que serait la conduite du plus détestable esclave, puisque tu projettes de t'enfuir clandestinement, en violant des engagements, des accords conformément auxquels tu t'es engagé envers nous pour accomplir ta vie civique ! Cela posé, réponds-nous sur ce premier point : en déclarant que c'est de fait, et non point en paroles, que tu t'es mis d'accord avec nous pour avoir une vie civique qui nous fût conforme, disons-nous la vérité, ou ne la disons-nous pas ? » Que répliquerons-nous à ce langage, Criton ? Pouvons-nous faire autrement que d'en tomber d'accord ?

Cri. : Forcément, Socrate !

Socr. : Sur ce, elles nous diraient : « Dans ces conditions, fais-tu autre chose *(e)* que de transgresser tes engagements envers nous personnellement et nos accords mutuels ? accords que tu n'as pas conclus de force, ni non plus trompé, ni forcé d'en délibérer en peu de temps, mais au cours de ces soixante-dix années, pendant lesquelles il t'était permis de t'en aller, si nous ne te plaisions pas et que la légitimité de nos accords n'eût pas été évidente à tes yeux ? Or, tu n'as donné la préférence, ni à Lacédémone, ni à la Crète, dont à tout bout de champ, certes, tu proclames l'excellente législation [26], ni à aucun autre des États helléniques, *(a)* non plus que barbares ; tout au contraire, tu as encore moins quitté la Cité pour des voyages que ne font les boiteux, les aveugles et le reste des infirmes ! Tant était exceptionnel, en comparaison des autres Athéniens, le degré auquel te plaisaient, à toi, et cette Cité et, c'est bien clair, nous les Lois ! A qui en effet une Cité pourrait-elle plaire, sans que lui plussent ses lois ? Mais, à présent, tu vas ne pas respecter [27] les clauses de notre accord ! En vérité, Socrate, tu les respecteras si tu nous en crois, et tu ne te rendras pas ridicule en sortant de cette ville !

« Considère en effet maintenant quel bien, une fois que tu auras transgressé ces engagements et que tu te seras mis en faute sur telle de leurs clauses, tu te seras ainsi fait à toi-même ou à ceux qui sont tes fidèles. *(b)* Que ces gens, qui sont tes fidèles, courent effectivement le risque d'être exilés et privés, eux aussi, de leur cité, ou celui de perdre leur bien, la chose est assez claire ! Supposons, tout. d'abord, que, pour ton compte, tu ailles dans une de ces villes qui sont le plus près d'ici, soit à Thèbes, soit à Mégare [28], deux villes qui ont en effet une bonne législation ; tu y arriveras, Socrate, en ennemi de leur constitution, et tous ceux qui y sont des patriotes vigilants te regarderont en dessous, comme un corrupteur des lois. Quant à tes juges, tu les confirmeras à ce point dans leur opinion, *(c)* qu'ils estimeront conforme au bon droit le jugement par lequel ils t'ont condamné ; car quiconque est un corrupteur des lois doit avoir, semble-t-il, de fortes chances de passer pour un corrupteur, et de la jeunesse, et des gens irréfléchis ! Cela étant, éviteras-tu les Cités qui ont une bonne législation et les hommes les plus attachés au bon ordre ? Est-ce qu'une telle conduite vaut la peine que l'on vive ? Peut-être les approcheras-tu cependant et auras-tu l'effronterie de leur tenir des propos... Lesquels, Socrate ? Ceux-là mêmes que tu tenais ici ? que ce qui pour les hommes a le plus de valeur, c'est la vertu, c'est la

justice, c'est la règle, ce sont les lois ? *(d)* Et l'in-
convenance d'une telle attitude de la part de Socrate,
tu crois qu'elle ne sautera pas aux yeux ? En vérité,
il faut que tu le croies !

« Mais non ! De ces lieux tu t'éloigneras ; tu te
rendras en Thessalie auprès des hôtes de Criton !
C'est dans ce pays-là, en effet, que le désordre et le
dérèglement sont à leur comble, et sans doute y
prendrait-on plaisir à t'entendre conter de quelle
façon risible tu t'es enfui clandestinement de la
prison, revêtu d'un déguisement, soit portant une
veste de cuir [29], soit tel autre déguisement habituel
à qui s'enfuit ainsi en cachette, bref ayant changé
l'aspect qu'on te connaît ! Que d'autre part, vieux
comme tu es, alors que vraisemblablement il te reste
peu de temps à vivre, *(e)* tu as eu l'audace de te
coller avec une pareille avidité à l'existence, après
avoir transgressé les lois les plus considérables,
n'y aura-t-il personne pour le dire ? Non peut-être,
si tu ne gênes personne ; mais, dans le cas contraire,
Socrate, que d'indignités tu entendras dire sur ton
compte ! Ta vie, dès lors, consistera à t'insinuer
auprès de tous les gens, de te faire leur esclave [30],
et de quelle façon, sinon dans tes bombances thes-
saliennes ? comme si tu avais fait le voyage de
Thessalie pour prendre part à un souper ! Où seront-
ils alors, tes magnifiques propos sur la justice et
les autres vertus ? *(a)* Mais, diras-tu, c'est pour mes
enfants que je veux vivre, pour achever de les élever,
et faire leur éducation ! Eh quoi ! est-ce en allant en
Thessalie que tu les élèveras, que tu feras leur éducation ? après avoir, pour qu'ils te doivent encore ce
bel avantage, fait d'eux des étrangers ! Ou bien tu
ne les y emmèneras pas : élevés ici sans que tu sois

avec eux, seront-ils mieux élevés et mieux éduqués
parce que tu seras en vie ? Tes fidèles, vois-tu, pour
toi prendront soin d'eux : Est-ce qu'ils en prendront
soin si c'est pour la Thessalie que tu pars en voyage,
tandis que, si c'est vers les demeures d'Hadès que
tu fais ton voyage, ils n'en auront pas soin ? Impossible, s'ils sont du moins bons à quelque chose, *(b)*
ces gens qui déclarent être tes fidèles ! Oui, il faut
croire qu'ils le feront.

« Allons, Socrate, écoute-nous, nous qui t'avons
nourri ! Ne mets, ni tes enfants, ni ta vie, ni quoi que
ce soit d'autre, à plus haut prix que la justice, au-
dessus d'elle, afin de pouvoir, une fois arrivé chez
Hadès, dire tout cela, pour te défendre, à ceux qui
là-bas ont l'autorité [31]. Car ni ce n'est en ce monde-
ci que de ta part une telle conduite se révélera meilleure, ni plus juste, ni plus pieuse, pas davantage
pour toi que pour aucun des tiens ; ni elle ne vaudra
mieux, quand tu auras été rendu là-bas ! Mais, dans
l'état donné des choses, si tu t'en vas, tu t'en iras
victime d'une injustice, *(c)* non par notre faute à
nous, les Lois, mais par la faute des hommes ; au
contraire, si tu t'évades, après avoir, avec une telle
vilenie, répondu à l'injustice par l'injustice, au mal
par le mal, après avoir transgressé ces accords et
ces engagements que personnellement tu avais pris
envers nous, après avoir fait du tort par ta conduite
à ceux à qui tu devais le moins en faire : à toi-même,
à tes amis, à ta patrie, à nous-mêmes ; c'est nous
alors qui nous fâcherons contre toi, tant que tu seras
en vie, et là-bas ce sera sans bienveillance qu'elles
t'accueilleront, nos sœurs qui sont chez Hadès,
quand elles sauront que tu as été, autant que cela
était en toi, jusqu'à projeter notre perte. *(d)* Allons,

Socrate! évite que, de préférence à nous, ce soit
Criton qui te persuade de suivre les conseils qu'il
te donne! »

ÉPILOGUE.

Voilà, mon cher Criton, ce que, sache-le bien,
je crois entendre, comme les Corybantes, dans leur
délire, croient entendre des flûtes [32] ; et c'est le
bruit de ces paroles, qui, grondant en moi, fait que
je suis impuissant à en écouter d'autres! Sache-le
bien toutefois : pour autant que j'en juge à présent,
tout ce que tu pourras y répliquer, tu le diras pour
rien! Ce n'est pas, bien sûr, que tu ne doives parler
si tu as quelque chose de plus à dire...

CRI. : Mais non, Socrate, je n'ai rien à dire!

(e) SOCR. : Alors laisse cela tranquille, Criton!
et faisons comme je dis, puisque c'est de ce côté-là
que le Dieu nous montre le chemin!

Phédon
ou
de l'âme

(a) ÉCHÉCRATE [1] : Te trouvais-tu toi-même Phédon, auprès de Socrate en ce jour où, dans la geôle,
il but le poison ? Ou bien quelqu'un d'autre t'en
a-t-il fait le récit ?

PHÉDON [2] : Je m'y trouvais moi-même, Échécrate.

ÉCH. : Alors, dis-nous donc quel fut, avant sa mort,
le langage de notre homme ! Dis-nous aussi quelle
fut sa fin. Ce serait en effet une joie pour moi de
l'entendre raconter ; car, en ce moment, il n'y a
pas un seul citoyen de Phlionte qui aille faire des
séjours à Athènes, ni, depuis un temps considérable,
il n'est venu de là-bas aucun étranger qui fût capable de nous apprendre là-dessus rien de certain ;
(b) sinon du moins qu'il est mort d'avoir bu le
poison ! Quant aux détails il ne fut pas à même de
nous en raconter aucun.

PH. : Alors, touchant son jugement, *(a)* vous
n'avez pas eu non plus d'information sur la façon
dont il a eu lieu ?

ÉCH. : Oui, cela, quelqu'un nous l'a appris ; et
même nous nous étonnions que, le jugement étant
déjà ancien, Socrate, en fait, fût mort beaucoup
plus tard. Alors, Phédon, qu'est-ce qui s'est passé ?

PH. : Le hasard, Échécrate, fit que, dans son cas, la veille du jugement fût en effet par hasard le jour où l'on couronnait la poupe du navire que les Athéniens envoient à Délos.

ÉCH. : Mais ce navire, dis, qu'est-ce que c'est ?

PH. : C'est, disent les Athéniens, le navire sur lequel jadis Thésée avait transporté, les conduisant vers la Crète, ces fameux « deux fois sept » : *(b)* en les sauvant, il se sauva lui-même [3]. Or, on avait, d'après la tradition, fait vœu à Apollon, dans le cas où ils seraient sauvés, de mener chaque année à Délos un pèlerinage ; pèlerinage que, à dater de ce jour et maintenant encore, on a continué d'envoyer au Dieu. Mais, dès le premier jour du pèlerinage, c'est la règle à Athènes que, pendant toute sa durée, la Cité soit exempte de souillure, c'est-à-dire que personne ne soit, en son nom, mis à mort, jusqu'à ce que le navire soit parvenu à Délos et revenu à son point de départ. Ce qui d'ailleurs prend parfois beaucoup de temps, quand il arrive aux vents d'être contraires. Et maintenant, *(c)* le premier jour du pèlerinage, c'est celui où le prêtre d'Apollon a couronné la poupe du navire ; ceci, vous ai-je dit, eut lieu justement la veille du jugement. Voilà pour quelles raisons Socrate eut longtemps [4] à rester dans la prison entre son jugement et sa mort.

Détails sur le dernier jour de Socrate.

ÉCH. : Parle-nous donc, Phédon, de sa mort elle-même ! Que s'est-il, à ce moment, dit et fait ? Parmi les familiers de notre homme, lesquels se trouvèrent auprès de lui? Mais peut-être les Magistrats ne permirent-ils pas leur présence et est-ce, au contraire, sans être assisté de ses amis, qu'il mourut?

(d) Ph. : Nullement! Certains au contraire étaient présents, un assez grand nombre même.

Éch. : Eh bien! prends à cœur de nous renseigner le plus exactement possible sur tout cela ; à moins que justement tu n'aies autre chose à faire...

Ph. : Mais non! je suis libre, et je tâcherai d'être complet dans mon exposé. Aussi bien, rien n'est-il jamais plus doux pour moi que de me rappeler Socrate, soit que je parle de lui moi-même ou que j'entende un autre en parler.

Éch. : N'en doute pas, Phédon! oui, ceux qui vont t'entendre, tu les trouves, de leur côté, tout pareils! Allons, tâche d'être le plus exact que tu pourras, en nous racontant tout dans le détail!

Ph. : Ce qui est sûr, c'est que, pour ma part, *(e)* j'éprouvai, pendant que je me trouvais auprès de lui, d'étranges émotions. Non, en effet, en face de la mort d'un homme dont j'étais le familier, ce n'est pas de la pitié, qui me venait ; car c'était un homme heureux qui se présentait à moi, tant par son attitude que par son langage : si grandes étaient, en face de la mort, sa sérénité et sa vaillance! au point de m'offrir l'image de quelqu'un qui, s'en allant chez Hadès, n'y va pas non plus sans une dispensation divine, mais qui, une fois parvenu là-bas, y trouvera au contraire son bonheur, comme jamais personne d'autre au monde ; *(a)* et voilà pourquoi il ne me venait absolument aucun de ces sentiments de pitié qu'on jugerait naturels en présence d'un deuil. Et ce n'était pas en revanche un plaisir, pareil à celui dont nous avions l'habitude quand nous faisions de la philosophie : ce qui en fait était le cas pour nos propos! Bien mieux, il y avait quelque chose de véritablement déroutant dans l'émotion que je ressentais : un mélange extraordinaire, dans la composition duquel il entrait du plaisir, en même temps que de la douleur quand je songeais que tout à l'heure, lui, il allait cesser de vivre! Ces dispositions d'esprit étaient à peu près les mêmes chez nous tous qui étions présents : tantôt nous riions, mais quelquefois nous pleurions, et il y en avait un qui à cet égard se distinguait entre tous, c'était Apollodore ; tu connais bien en effet, je pense, quel homme il est et quelles sont ses façons!

Éch. : Comment ne les connaîtrais-je pas!

(b) Ph. : Eh bien! si tel était au dernier degré son état, je n'étais moi-même pas moins troublé, et les autres aussi.

Éch. : Mais, Phédon, quels étaient ceux qui se trouvaient auprès de lui?

Ph. : Étaient présents, parmi les gens du pays, cet Apollodore, puis Critobule avec son père, et encore Hermogène, Épigène, Eschine, Antisthène. Mais il y avait aussi Ctésippe de Péanie, Ménexène plus quelques autres du pays [5]. Platon, je crois, était malade [6].

(c) Éch. : Des étrangers étaient-ils présents?

Ph. : Oui : Simmias de Thèbes notamment, avec Cébès et Phédondès [7] ; puis, de Mégare, Euclide et Terpsion [8]...

Éch. : Mais quoi? Auprès de lui, il y avait bien Aristippe et Cléombrote [9]?

Ph. : Point du tout! On les disait en effet à Égine.

Éch. : Y avait-il encore quelqu'un de présent?

Ph. : Ce sont là, je crois, à peu près tous ceux qui étaient auprès de lui [10].

Éch. : Mais enfin! ces propos dont tu parles, quels étaient-ils ?

Ph. : C'est en prenant du commencement que je tâcherai de tout vous exposer au complet. Nous n'avions, sache-le, jamais manqué, dans les jours qui avaient précédé, *(d)* à notre habitude d'aller, moi et les autres, rendre visite à Socrate ; nous rassemblant pour cela au tribunal dans lequel aussi le jugement avait eu lieu, car il avoisinait la prison. Chaque fois donc nous y attendions jusqu'à ce que la prison eût été ouverte, tout en devisant entre nous. De fait, elle ne s'ouvrait pas de bonne heure ; mais, dès qu'elle était ouverte, nous y entrions auprès de Socrate, et le plus souvent nous passions avec lui toute la journée. Naturellement, cette fois, nous nous étions rassemblés de meilleure heure, ayant été informés la veille, comme nous sortions au soir de la prison, *(e)* que le navire était arrivé de Délos. Aussi nous étions-nous donné le mot pour venir le plus de bonne heure possible au rendez-vous habituel. Dès que nous fûmes là, le portier, celui-là même qui d'habitude nous recevait, sortit au-devant de nous et nous dit d'attendre là et de ne pas nous présenter avant qu'il nous y eût invités : « Les Onze, nous dit-il, sont en effet en train de détacher Socrate et de lui annoncer qu'il doit mourir aujourd'hui. » Au reste, sa venue ne tarda pas bien long-temps et il nous invita à entrer. Or, une fois entrés, *(a)* nous voilà en présence, non pas seulement de Socrate, qu'on venait de détacher, mais de Xanthippe (tu es au courant, sans doute [11]), qui avait sur elle leur plus jeune enfant et était assise contre

son mari. Mais, aussitôt qu'elle nous vit, Xanthippe
se mit à prononcer des imprécations et à tenir ces
sortes de propos qui sont habituels aux femmes :
« Ah ! Socrate, c'est maintenant la dernière fois que
tes familiers te parleront et que tu leur parleras ! »
Alors Socrate, regardant du côté de Criton : « Qu'on
l'emmène à la maison, Criton ! » dit-il. Et, pendant
que l'emmenaient quelques-uns des serviteurs de
Criton, elle poussait de grands cris *(b)* en se frappant
la tête.

Prélude du dernier entretien.

Socrate, lui, s'étant assis sur le lit, replia sa jambe
et se mit à la frotter vivement de la main, et, tout
en la frottant : « Que cela est donc d'une apparence
déroutante, dit-il, ce que les hommes appellent
l'agréable ! Et comme la nature en est bizarre, au
regard de ce qu'on juge être son contraire, le pénible !
Ils n'acceptent, ni l'un ni l'autre, de se côtoyer dans
le même temps chez un homme, et pourtant, on n'a
qu'à poursuivre l'un des deux et à l'attraper, pour
que, forcément, on attrape presque toujours aussi
l'autre, comme s'ils étaient tous deux attachés à
un unique sommet de tête. M'est avis, *(c)* poursuivit-il, que, si Ésope avait songé à cela, il en aurait
fait une fable : *La Divinité, souhaitant les faire
renoncer à leur guerre mutuelle et n'y pouvant réussir,
ne fit qu'un seul morceau du sommet de leurs deux
têtes attachées ensemble, et c'est à cause de cela que,
chez celui de nous où l'un des deux est présent, à sa
suite l'autre aussi vient par-derrière !* De fait, il semble bien qu'il en soit de la sorte, pour moi aussi,

personnellement! alors que dans ma jambe, c'est l'effet de la chaîne, il y avait le douloureux, voici qu'à sa suite, manifestement, est arrivé l'agréable! »

A ce moment Cébès intervint : « Par Zeus! dit-il, tu as bien fait, Socrate, de me l'avoir rappelé! Au sujet, oui, *(d)* de ces poèmes de ta composition [12] où tu as mis en vers les contes d'Ésope, ainsi que de ton Prélude à Apollon, plusieurs personnes m'ont déjà demandé, et en particulier Évènos, avant-hier, dans quelle idée tu as, depuis ton arrivée ici, composé ces poèmes, alors que jamais auparavant tu n'avais rien composé! Si donc tu te soucies tant soit peu que je sois à même de répondre à Évènos quand il lui arrivera de m'interroger encore (car je sais fort bien qu'il me posera la question!), dis-moi ce qu'il faut que je lui réponde. — Eh bien! Cébès, tu n'as, répliqua-t-il, qu'à lui dire la vérité : c'est que je n'avais pas l'intention, en composant ces poèmes, de lui faire concurrence dans sa partie, pas davantage de rivaliser avec ses poèmes, *(e)* sachant fort bien que ce ne serait pas commode! C'était bien plutôt pour faire l'expérience de ce que voulaient dire certains songes et pour faire pénitence d'une impiété, au cas où des fois ce serait de cette sorte de musique qu'à maintes reprises ils me prescrivaient l'exercice [13]. Voici, en effet, ce qui en était.

A maintes reprises, j'ai eu, au cours de ma vie, la visite du même songe, ne se présentant pas toujours à moi dans une même vision, mais me tenant un langage invariable : « Socrate, me disait-il, fais de la musique! Produis! » Et moi, ce que justement j'avais, en vérité, fait jusqu'à ce moment, je m'imaginais que c'était cela même que me recommandait le songe *(a)* et à quoi il m'exhortait : comme on encou-

rage les coureurs, ainsi le songe, me disais-je, m'ex-
horte moi aussi à faire ce que je faisais justement,
de la musique, en ce sens que la musique est la plus
haute philosophie et que c'est de philosophie que
je m'occupe! Mais voilà que, une fois le jugement
prononcé, la fête du Dieu [14] ayant fait obstacle à
ma mort, il m'a paru, au cas où des fois ce serait
cette musique commune que le songe me prescrit
de faire, qu'il ne fallait pas lui désobéir, mais bien
plutôt en composer : n'était-ce pas plus sûr, de ne
point m'en aller avant d'avoir fait pénitence d'une
impiété, *(b)* en obéissant au songe par la composition de poèmes? Voilà donc comment ma première
composition fut dédiée au Dieu dont se présentait
la fête ; puis, après le Dieu, faisant réflexion qu'un
poète, si toutefois poète il veut être, doit mettre
en œuvre, non point des théories, mais des mythes,
et que, pour mon compte, je n'étais point mytho-
logiste, pour ces raisons, dis-je, les premiers mythes
que j'avais sous la main, ces fables d'Ésope que je
savais par cœur, ces sont ces mythes-là, et les premiers venus que j'ai versifiés. Explique donc, Cébès,
ces choses-là à Évènos, et, en lui faisant mes adieux,
dis-lui aussi de se mettre, s'il est sage, le plus tôt
qu'il pourra à ma poursuite. *(c)* Moi, c'est aujourd-
d'hui, paraît-il, que je m'en vais : ainsi le veulent
les Athéniens! »

I. *Le philosophe devant la mort.*

Alors Simmias : « Quelle recommandation, Socrate,
voilà pour Évènos! Souvent déjà, dit-il, il m'est en
effet arrivé de rencontrer le gaillard. Or, d'après

gaillard = Bon vivant.

mon expérience, peut-être ne sera-ce pas le moins
du monde de son plein gré qu'il t'écoutera ! — Mais
quoi ! repartit Socrate, Évènos n'est pas philosophe ?
— M'est avis qu'il l'est ! dit Simmias. — Eh bien !
alors, il y consentira, Évènos ; et, tout aussi bien,
quiconque prend à la chose la part qu'elle mérite !

1. Le Suicide.

« Il n'est cependant pas probable qu'il se fasse
violence à lui-même ; car, dit-on, ce n'est point
permis ! » Et, tout en disant cela, il laissa retomber
ses jambes à terre ; *(d)* et c'est assis de la sorte
qu'il poursuivit désormais l'entretien. Mais alors
Cébès lui posa une question : « Comment entends-tu
cela, Socrate ? qu'il n'est pas permis de se faire
violence à soi-même et que, d'autre part, celui qui
meurt, le philosophe consente à le suivre ? — Qu'est-ce
à dire, Cébès ? n'avez-vous pas, Simmias et toi,
entendu parler de ces sortes de questions, vous qui
avez été dans la compagnie de Philolaos [15] ? — Non !
Socrate, rien de défini. — Ce qu'il y a de sûr, c'est
que moi-même j'en parle par ouï-dire. Aussi bien,
rien ne s'oppose à la révélation de ce que je me
trouve avoir appris, et sans doute en effet est-il,
et même au plus haut degré, *(e)* bienséant à qui va
partir en voyage là-bas, de faire sur son voyage, son
lointain voyage, une enquête et de donner, mythi-
quement, une image de ce que celui-ci peut bien
être : à quoi d'autre, en effet, pourrait-on même
occuper son temps jusqu'au coucher du soleil [16] ?
— Mais enfin, Socrate, dis-nous donc à quel point
de vue on peut bien soutenir qu'il n'est pas permis

de se donner la mort! Car, si j'ai déjà, quant à moi
(tu le demandais tout à l'heure), entendu dire à
Philolaos lorsqu'il séjournait parmi nous, déjà aussi
à quelques autres, que cela ne doit pas se faire,
là-dessus, pourtant, de personne je n'ai jamais rien
entendu de défini. *(a)*

« Eh bien! dit-il, il faut pourtant s'y efforcer.
Il est possible en effet que cela, tu l'aies entendu,
probable néanmoins que ce doive être une merveille
à tes yeux que, entre tous les autres, ce seul cas soit
simple, et qu'il n'y ait jamais lieu pour l'homme,
dans celui-ci comme dans les autres, de se demander
quand et pour qui vaut-il mieux être mort que vivant? En ce qui concerne d'autre part ceux pour
qui il vaut mieux être morts, c'est merveille à tes
yeux que, pour ces hommes-là, il y ait impiété à
se rendre à eux-mêmes un si bon office, mais qu'il
leur faille, au contraire, attendre un bienfaiteur
étranger! » Cébès eut un petit sourire : « Que Zeus
s'y retrouve! », s'écria-t-il dans le dialecte de son
pays [17]. « On pourrait, en effet, dit Socrate, y trouver,
(b) au moins ainsi présenté, quelque chose de déraisonnable. Mais cela n'est pas ; et il est au contraire
bien probable que cela n'est point sans avoir une
raison. Aussi bien existe-t-il, là-dessus, une formule
qu'on prononce dans les Mystères : *Nous sommes,*
nous les humains, dans une espèce de garderie [18],
et on n'a pas le droit de s'en libérer soi-même, ni de
s'en évader ! Je vois la majesté de la formule, et, en
même temps, la difficulté de la percer à jour! Il
n'en est pas moins vrai, Cébès, que ceci du moins y
est, à mon sens, fort bien exprimé : que ce sont des
Dieux, ceux sous la garde de qui nous sommes, et
que nous, les humains, nous sommes une partie de

ce que possèdent les Dieux. N'es-tu pas du même avis ? — C'est aussi le mien! dit Cébès. — Or, reprit Socrate, *(c)* s'il arrivait que, dans ce que tu possèdes à toi, un être se donnât à lui-même la mort, sans que tu lui eusses signifié ton désir de le voir mort, ne te fâcherais-tu pas contre cet être et ne le châtierais-tu pas si tu avais un châtiment à ta disposition ? — Oui, absolument! dit-il — Donc, il est de la sorte probable qu'il n'y a rien de déraisonnable à dire qu'on n'a pas le droit de se donner à soi-même la mort avant que la Divinité nous ait dépêché quelque commandement du genre de celui qui se présente à moi aujourd'hui. —

2. *Comment se justifie l'attitude du philosophe.*

« Eh bien! dit Cébès, sur ce point au moins on voit bien une probabilité. Ce que toutefois tu disais tout à l'heure, que les philosophes n'ont aucune peine à accepter de mourir, cela, Socrate, a tout l'air d'une absurdité, *(d)* s'il est vrai que nous soyons justifiés à dire, comme nous le faisions tout à l'heure, que celui sous la garde de qui nous sommes est un Dieu et que, nous autres, nous sommes pour celui-ci une propriété. Que, en effet, les hommes les plus intelligents ne s'irritent pas au moment d'être, en partant, privés de ces soins, dont la direction appartient, à leur égard, à ceux qui sont précisément les dirigeants les meilleurs de tout ce qui existe, je veux dire les Dieux, eh bien! cela ne se justifie pas ; car cet homme intelligent ne s'imagine pas, je suppose, qu'il sera meilleur pour lui de se prendre soi-même sous sa propre garde, une fois devenu libre! C'est au contraire un insensé qui, sans peine, s'imaginerait cela, qu'il faut échapper à son maître ; *(e)* qui ne réfléchirait pas que, quand le maître est bon, il ne faut pas lui échapper, mais bien plutôt rester le plus possible auprès de lui! Aussi, par manque de réflexion, s'enfuirait-il, tandis que celui qui est intelligent aurait, je pense, envie de toujours être auprès de qui vaut mieux que lui-même. Or, de ce point de vue, la probabilité est au rebours de ce qui se disait tout à l'heure : c'est en effet pour les hommes qui réfléchissent qu'il est bienséant de s'irriter de mourir, aux fous de s'en réjouir! »

Socrate, donc, avait écouté Cébès et pris plaisir, me sembla-t-il, *(a)* à la difficulté qu'il avait soulevée: « En vérité, dit-il avec un regard de notre côté, Cébès est toujours à la recherche d'arguments, et il n'est pas du tout pressé de se laisser convaincre par ce qu'on peut lui dire! » Sur quoi, Simmias prenant à son tour la parole : « Mais vraiment, Socrate, moi aussi je suis d'avis que cela compte, ce que dit maintenant Cébès : à quel dessein répondraient en effet, de la part d'hommes authentiquement sages, l'acte de fuir des maîtres qui valent mieux qu'eux et leur aisance à s'éloigner de ceux-ci? De plus, c'est toi que vise, à mon avis, Cébès dans cet argument : avec quelle aisance en effet, n'acceptes-tu pas, et de nous abandonner, et d'abandonner de bons chefs qui, *(b)* tu en es toi-même d'accord, sont des Dieux! — Ce que vous dites est juste, repartit Socrate. En fait, à vous entendre, il faut, je crois, que contre vos accusations je me défende, comme au tribunal! — Hé oui! absolument, dit Simmias. — Allons-y donc! dit-il, et essayons de présenter devant vous une défense plus persuasive que devant mes juges!

« C'est la vérité, poursuivit-il, Simmias et Cébès : si moi, je ne croyais pas devoir arriver, d'abord auprès d'autres Dieux [19], aussi sages que bons, et puis aussi auprès de défunts qui valent mieux que les hommes d'ici, il y aurait de ma part injustice à ne point m'irriter contre la mort ! En réalité, cependant, sachez-le bien, *(c)* pour ce qui est de mon espoir de m'en aller tout à l'heure auprès d'hommes qui soient bons, cet espoir-là, à toute force je ne le défendrais pas ; que je doive, en revanche, arriver auprès de Dieux qui sont des maîtres absolument bons, eh oui ! sachez-le, s'il y a dans ce genre quelque autre chose au monde qu'à toute force je défendrais, c'est bien cet espoir-là ! Il y a là par conséquent une raison pour moi de ne pas concevoir contre la mort la même irritation [20], et j'ai tout au contraire bon espoir que pour les défunts il y a quelque chose, et que ce quelque chose, ainsi du reste que le dit une tradition qui remonte loin, est de beaucoup meilleur pour les bons que pour les méchants ! — Mais quoi, Socrate ! s'écria Simmias, voilà quelle pensée tu te réserves à toi seul au moment où tu songes à t'en aller ! Ne nous y ferais-tu pas participer, nous aussi ? *(d)* C'est en effet, à mon avis, un bien qui nous est commun, à nous aussi [21] ; et en même temps tu produis ta défense, s'il arrive que nous soyons convaincus par cela même que tu auras dit. — Eh bien, répondit-il, je m'y efforcerai.

Diversion.

« Mais voyons tout d'abord ce que c'est, que le Criton que voici veut, me semble-t-il, depuis long-temps me dire. — Ce que c'est ! dit Criton. Rien

d'autre en vérité que ce que depuis longtemps, me
répète l'homme qui doit te donner le poison :
t'expliquer que tu dois parler le moins possible,
car on s'échauffe, à ce qu'il dit, quand on parle
trop, et il ne faut pas que rien de tel vienne contrarier l'effet du poison ; autrement, on est obligé
parfois, *(e)* quand on agit de la sorte, d'en boire
double et triple dose. » Alors Socrate : « Envoie-le
promener ! dit-il. Après tout, il n'a qu'à préparer
son affaire comme s'il devait m'en donner deux
fois, et même trois, en cas de besoin ! — Allons !
fit Criton, d'avance je savais à peu près ta réponse,
mais il y a longtemps qu'il me fait des histoires ! —
Ne t'occupe pas de lui, dit Socrate.

3. *Reprise de la justification.*

« Mais c'est à vous, à vous mes juges, que je souhaite désormais rendre compte du motif pour lequel
je constate chez l'homme qui a passé réellement son
existence dans la philosophie une assurance justifiée
au moment où il va mourir, *(a)* un espoir confiant
d'obtenir là-bas, quand il sera mort, les biens les
plus grands ! Mais comment il peut justement en
être ainsi, voilà, Simmias et Cébès, ce que je vais
essayer de vous expliquer. Il y a bien des chances,
c'est un fait, que pour tous ceux qui, au sens droit
du terme, s'attachent éventuellement à la philosophie, les autres hommes ne s'aperçoivent pas qu'ils
n'ont, ces gens-là, d'autre occupation que de mourir
et d'être morts. Or, si cela est vrai, il serait assurément déconcertant que, durant toute la vie, on ne
mît son zèle à rien d'autre qu'à cela, et que, le jour

où précisément cela arrive, on fût irrité contre ce qui, depuis longtemps, était l'objet de notre zèle et notre occupation! » Simmias se mit à rire : « Par Zeus! dit-il, *(b)* tu m'as fait rire, Socrate, quoique je n'eusse tout à l'heure pas du tout envie de rire! La foule en effet, je crois bien, en entendant ces beaux propos, penserait qu'ils s'adressent on ne peut mieux à ceux qui font de la philosophie ; à quoi donneraient, pleinement même, leur assentiment les gens de chez nous [22] : si réellement ceux qui font de la philosophie sont avides de mourir, il y a au moins une chose dont nous autres, nous nous apercevons fort bien, c'est que ce sort est celui qu'ils méritent! — Et, ma foi! la foule en cela dirait vrai, hormis, à la vérité, que de cela elle s'aperçoive fort bien ; car elle ne s'aperçoit, ni de quelle façon les philosophes, authentiquement philosophes, sont avides de mourir, ni de quelle façon ils méritent la mort, et quelle mort. C'est entre nous, en effet, ajouta-t-il, qu'il faut que nous parlions, *(c)* après avoir souhaité le bonsoir à la foule!

A) Définition de la mort.

« Ne jugeons-nous pas que la mort est quelque chose ? — Hé, oui, absolument, interrompit Simmias. — Est-ce que ce n'est rien d'autre que la séparation de l'âme d'avec le corps ? Etre mort, n'est-ce pas ceci ? à part et séparé de l'âme, le corps n'en vient-il pas à être isolé en lui-même, et l'âme, à part et séparée du corps, n'est-elle pas isolée en elle-même ? La mort, n'est-ce pas rien d'autre que cela ? — Non, mais cela même, dit-il. — Examine maintenant,

mon bon, si par hasard ton opinion concorde avec
celle qui est précisément la mienne, car leur concor-
dance fera, je crois, (d) que nous connaîtrons mieux
ce qui est l'objet de notre examen. Penses-tu que
ce soit évidemment le propre d'un philosophe de
se préoccuper de ce qu'on appelle des plaisirs, dans
le genre de ceux-ci, par exemple ceux du manger
et du boire? — Point du tout, Socrate! dit Simmias.
— Et ceux de l'amour? — En aucune façon! — Et
ce qui, par ailleurs, consiste en soins qui se rapportent au corps? Ton opinion est-elle qu'au jugement
d'un pareil homme ils aient quelque valeur? Par
exemple, la possession d'un vêtement, d'une chaus-
sure qui sortent de l'ordinaire, et avec cela, tout
autre embellissement qui se rapporte au corps, en
fait-il cas à ton avis? ou bien ton avis est-il que,
pour autant qu'il n'y a pas nécessité absolue qu'il
en prenne sa part, il n'en fait point cas? (e) — Mon
avis à moi, dit-il, est qu'il n'en fait point cas, au
moins s'il est authentiquement philosophe. — D'une
façon générale donc, reprit Socrate, ton avis est
que les préoccupations d'un pareil homme n'ont pas
le corps pour objet, mais que, au contraire, elles
s'en écartent pour autant qu'il le peut, et qu'elles
se tournent vers l'âme? — C'est bien mon avis. —
Mais n'est-ce pas, en premier, dans les plaisirs de
cet ordre que le philosophe apparaît être celui qui,
pour délier au plus haut point possible (a) l'âme
du commerce du corps, se distingue entre tous les
hommes? — Évidemment. — Et, dis-moi, Simmias,
l'opinion de la foule est sans doute que, pour un
homme qui ne trouve agréable aucun des plaisirs
de cet ordre et qui n'en prend point sa part [23], cela
ne vaut pas la peine qu'il vive, mais qu'on n'est

pas bien loin d'être mort quand on ne fait aucun
cas des plaisirs dont le corps est l'instrument ? —
Hé! oui, ce que tu dis là est absolument vrai! —

B) *L'obstacle corporel ;*

« Et qu'en est-il maintenant de la possession
même de l'intelligence ? Le corps est-il, ou n'est-il
pas une entrave quand on le prend comme associé
dans la recherche ? Voici, par exemple, ce que je
veux dire : *(b)* est-ce que la vue aussi bien que
l'ouïe apportent aux hommes quelque vérité ? ou
bien en est-il, comme ne cessent même de nous le
rabâcher les poètes [24], que nous n'entendons ni ne
voyons rien exactement ? Pourtant si, parmi les
sensations corporelles, celles que j'ai dites ne sont
pas exactes et n'ont pas non plus de certitude,
difficilement serait-ce le cas pour les autres, puisqu'elles sont toutes, je pense, plus grossières que celles-
là ; n'est-ce pas à leur sujet ton avis ? — Hé, oui!
absolument, dit-il. Quand donc, reprit Socrate,
l'âme atteint-elle la vérité ? Lorsque en effet c'est
avec le concours du corps qu'elle entreprend quelque
examen, elle est alors, cela est clair, entièrement
abusée par lui. *(c)* — Tu dis vrai! — N'est-ce donc
pas dans l'acte de raisonner, plus que partout ailleurs,
que l'âme obtient la claire vision d'une réalité ?
— Oui. — D'autre part, la condition la plus favo-
rable, certes, pour qu'elle raisonne bien, c'est, je
pense, quand rien ne la trouble de tout ceci, ni ce
qu'elle entend ni ce qu'elle voit, ni une souffrance
et pas davantage un plaisir, mais que, au plus haut
degré possible, elle en est venue à être isolée en elle-

même, envoyant promener le corps, et que, sans
commerce avec celui-ci, sans contact non plus avec
lui, elle aspire au réel autant qu'elle en est capable!
— C'est exact! — Mais n'est-ce pas dans ce moment
même que l'âme du philosophe montre au plus haut
degré *(d)* qu'elle ne fait point cas du corps et qu'elle
le fuit, tandis que, au contraire, elle cherche à obtenir
d'être isolée en elle-même? — Évidemment! —

Les réalités absolues, objets de la pensée pure.

« Et maintenant, Simmias, que dirons-nous de
ce que voici? Affirmons-nous qu'il existe quelque
chose qui est juste, rien que juste? ou bien le nions-
nous? — Par Zeus! bien sûr, nous l'affirmons! —
Et qu'il existe quelque chose qui n'est que beau,
quelque chose qui n'est que bon? — Comment le
nier? — Mais as-tu jamais vu déjà avec tes yeux
aucune réalité de cette sorte? — En aucune façon!
dit-il. — Eh bien! est-ce par un mode de sensation,
autre que ceux dont le corps est l'instrument, que
tu les as atteintes? Or, c'est de toutes que je veux
parler, de la grandeur, de la bonne santé, de la force,
bref, de la réalité de tout ce qui existe encore, sans
exception ; *(e)* c'est-à-dire ce qu'est justement chacune. Est-ce par le moyen du corps que se contemple
ce qu'il y a en elles de plus vrai? Ou plutôt n'en est-il
pas comme ceci? Celui d'entre nous qui se sera,
au plus haut point et le plus exactement, préparé à
penser, tout seul en lui-même, chacun des objets
que concerne son examen, n'est-ce pas celui-là qui
se sera le plus approché de la connaissance de chacun d'eux? — Hé oui! absolument. — Mais celui qui

ferait cela de la plus pure façon, ne serait-ce pas celui
qui, au plus haut degré possible, userait de la pensée
toute seule pour aller à chacun de ces objets ; sans
recourir subsidiairement, dans l'exercice de la pensée,
ni à la vue, ni à aucune autre sensation, sans en
traîner aucune *(a)* à la remorque du raisonnement ?
celui qui, bien plutôt, userait de la pensée, toute
seule, par elle-même, sans mélange, pour entreprendre la chasse de chaque réalité, toute seule, par
elle-même et sans mélange ? une fois qu'il serait
séparé le plus possible de ses yeux, de ses oreilles,
et, pour bien dire, de la totalité de son corps, puisque
celui-ci est ce qui trouble l'âme et qui l'empêche,
chaque fois qu'elle a commerce avec lui, d'acquérir
vérité et pensée ? Simmias, n'est-ce pas celui-là, si
personne au monde, qui touchera au réel ? — C'est
miracle, dit Simmias, à quel point ton langage est
vrai, Socrate ! —

La profession de foi des vrais philosophes.

« Dès lors, reprit celui-ci, c'est nécessité, *(b)* pour
toutes ces raisons, qu'une croyance telle que celle-ci
s'offre à ceux qui sont des philosophes de bon aloi,
et qu'elle leur inspire, les uns à l'égard des autres,
un langage de ce genre : *Oui, il se peut bien qu'il
existe une sorte de sentier qui nous conduise, si, dans
la recherche, nous accompagne cette pensée que, aussi
longtemps nous aurons notre corps, aussi longtemps
notre âme sera pétrie avec pareille malfaisance, jamais
nous ne posséderons comme il faut l'objet que nous
désirons ; et nous déclarons que c'est la vérité !* Le corps
en effet occupe de mille façons notre activité, à propos

*de l'obligation de l'entretenir; sans compter que, (c)
si des maladies surviennent, elles sont des entraves à
notre chasse au réel. D'un autre côté, voici des amours,
des désirs, des craintes, des simulacres de toute sorte,
des billevesées sans nombre: de tout cela il nous emplit
si bien que, à en parler franchement, il ne fait naître
en nous la pensée réelle de rien. En effet guerres,
dissensions, batailles, rien d'autre ne nous vaut tout
cela que le corps et les désirs de celui-ci; car c'est à
cause de la possession des richesses que se produisent
toutes les guerres, et, si nous sommes obligés de posséder des richesses, (d) c'est à cause du corps, esclaves
prêts à le servir! C'est de lui encore que, à cause de
tout cela, procède notre paresse à philosopher; mais,
ce qui est le comble absolument, nous arrive-t-il même
d'avoir, de sa part, quelque répit et de nous tourner
vers l'examen réfléchi de quelque question, alors, tom-
bant à son tour inopinément en plein dans nos recherches, il y produit tumulte et perturbation, nous
étourdissant au point de nous rendre incapables d'apercevoir le vrai. Eh bien! c'est, au contraire, pour nous
chose prouvée que, si nous devons jamais avoir une
pure connaissance de quoi que ce soit, il faut nous
séparer de lui, et, avec l'âme en elle-même, contempler
(e) les choses en elles-mêmes. C'est à ce moment, semble-
t-il, que nous appartiendra ce que nous désirons, ce
dont nous déclarons être amoureux: la pensée, c'est-
à-dire, tel est le sens de l'argument, quand nous aurons
trépassé, mais non pendant que nous vivons! S'il n'est
pas possible en effet de rien connaître de façon pure,
avec le concours du corps, de deux choses l'une: ou
bien d'aucune manière il ne nous est possible d'acquérir
la connaissance, ou bien ce l'est pour nous une fois
trépassés; car c'est alors que l'âme existera en elle-*

*même et par elle-même, (a) à part du corps, mais non
point auparavant ! En outre, pendant que nous vivons,
le moyen, semble-t-il, d'être le plus près de sa connaissance, c'est d'avoir le moins possible commerce avec
le corps, pas davantage de nous associer à lui à moins
de radicale nécessité, pas davantage de nous laisser
contaminer par la nature de celui-ci, mais au contraire
de nous en purifier, jusqu'au jour où la Divinité en
personne nous en aura déliés. Ainsi nous voilà purs,
séparés de la folie du corps, appelés alors, c'est probable,
à être en société avec des réalités analogues* [25], *et c'est
par nous tout seuls que nous connaîtrons ce qui est
sans mélange. Or, c'est probablement cela qui est vrai,
(b) car, pour le non-pur, entrer avec le pur en contact,
gardons-nous de le croire permis !* Voilà, je crois,
Simmias, quelle sorte de langage tiendraient entre
eux nécessairement les amis du savoir, au sens droit
du terme, quelle serait nécessairement leur croyance.
Ne penses-tu pas de même ? — Tout ce qu'il y a de
plus, oui, Socrate ! —

Purification et mortification.

« Mais, reprit Socrate, si cela est vrai, il y a, mon
camarade, un immense espoir, pour qui est parvenu
à ce point de mon propre voyage, de posséder là-
bas, plus que partout ailleurs et de la façon qu'il
faut, ce en vue de quoi un immense effort a été accom-
pli par nous dans la vie écoulée ; de sorte que cette
absence même [26], celle qui m'est à présent prescrite,
(c) s'accompagne pour moi d'un heureux espoir,
et pour tout homme aussi qui estime prête sa pensée
et, en quelque sorte, purifiée. — Hé oui ! absolument,

dit Simmias. — Mais une purification, n'est-ce pas,
en fait, ce qui justement est de longue date contenu
dans la tradition [27]? mettre le plus possible l'âme
à part du corps et accoutumer celle-ci, étant elle-
même par elle-même, à se recueillir, à se ramasser
en partant de tous les points du corps, à vivre,
autant qu'elle peut, aussi bien dans le présent actuel
que dans la suite, isolée et par elle-même, *(d)* déli-
vrée de son corps comme si pour elle c'était des
liens? — Hé oui! absolument, dit-il. Mais ce qu'on
appelle « mort », n'est-ce pas précisément, entre âme
et corps, le fait d'être délié et mis à part? — Oui,
parfaitement! dit Simmias. — Or, délier l'âme, ceux
qui, disons-nous, y mettent toujours, et eux seuls,
le plus de zèle, ce sont ceux qui, au sens droit du
terme, se mêlent de philosopher ; et l'exercice auquel
proprement se livrent les philosophes, c'est de faire
qu'entre âme et corps se réalisent ce déliement, cette
mise à part ; n'est-ce pas? — Évidemment! —

« Ne serait-ce donc pas (et c'est précisément ce
que je disais en commençant ce propos) une chose
risible, qu'un homme qui s'est entraîné lui-même,
dans son existence, *(e)* à vivre dans les conditions
qui le rapprochent le plus possible du fait d'être
mort, s'irritât ensuite quand, pour lui, ce fait même
arrive? — Une chose risible, comment le nier? —
C'est donc, Simmias, que ceux qui, au sens droit du
terme, se mêlent de philosophie, réellement s'exercent
à mourir et qu'il n'y a pas d'hommes qui aient,
moins qu'eux, peur d'être morts. Voici de quoi t'en
rendre compte : s'ils se sont en effet brouillés de
toute manière avec leur corps et que leur ambition
soit, pour leur âme, d'être en elle-même et par elle-
même, s'ils avaient peur, s'ils s'irritaient au moment

où cela a lieu, ne serait-ce pas, de leur part, une inconséquence sans borne ? s'ils n'étaient pas joyeux de s'en aller vers ce lointain endroit où ils ont espoir de trouver *(a)* ce dont, durant leur vie, ils étaient amoureux, et c'était de la pensée qu'ils étaient amoureux ? espoir aussi d'être séparés de ce compagnon avec lequel ils étaient brouillés ? Alors, des morts humaines, morts de mignons, d'épouses, de fils, ont pu faire accepter à bien des hommes d'aller volontairement chez Hadès [28], mus par cet espoir d'y avoir quelque vision des êtres qui avaient été l'objet de leur désir et d'y vivre en leur compagnie ? et d'autre part, la pensée, il faudra qu'un homme qui en est amoureux, qui a identiquement embrassé avec ardeur cet espoir, espoir de ne la rencontrer, d'une façon qui compte, nulle part ailleurs que chez Hadès, *(b)* il faudra que cet homme s'irrite de mourir qu'il n'ait point de joie à aller dans ces lieux mêmes ! Oui, ce qu'on doit croire, c'est qu'il en aura de la joie si, mon camarade, il est réellement philosophe ; car ce sera chez lui une ferme croyance, que, nulle part ailleurs que là-bas, il ne rencontrera la pensée dans sa pureté. Or, s'il en est ainsi, ne serait-ce pas, comme je le disais à l'instant, le comble de l'inconséquence, qu'un pareil homme eût peur de la mort ? — Par Zeus ! fit-il, le comble de l'inconséquence, assurément ! —

C) La vertu vraie.

« Aussi bien, reprit Socrate, le fait de voir un homme s'irriter d'être sur le point de mourir, ce fait ne témoigne-t-il pas suffisamment que l'homme n'est pas philosophe, n'est pas, il le montre bien, un ami de la sagesse, mais que c'est du corps qu'il est un ami? *(c)* Or, ce même homme peut, je pense, être aussi ami des richesses, être aussi ami des honneurs ; soit l'un ou l'autre, soit les deux ensemble. — Il en est, fit-il, tout à fait comme tu dis! — Mais, dit Socrate, est-ce que ce qu'on appelle courage ne convient pas au plus haut degré, Simmias, à ceux dont les dispositions sont telles? — Sans le moindre doute! — Et n'est-ce pas aussi le cas de la tempérance, encore comprise au sens que le vulgaire donne au mot tempérance? N'avoir point à propos des désirs, de violents transports, mais se comporter à leur égard avec indifférence et modération, cela ne convient-il pas au contraire à ceux-là seulement qui, au plus haut degré, sont indifférents au corps et qui vivent dans la philosophie? *(d)* — C'est forcé! dit-il. — Si tu veux bien, en effet, poursuivit Socrate, réfléchir, au courage justement des autres hommes aussi bien qu'à leur tempérance, tu seras d'avis que c'est quelque chose de déroutant. — Et comment cela, Socrate? — Tu n'ignores pas, répondit-il, que la mort est considérée par tout le reste des gens comme étant au nombre des grands malheurs? — Ah! je crois bien! dit-il. — Mais n'est-ce pas par peur de malheurs plus grands, que ceux de ces gens qui sont courageux affrontent la mort, lorsqu'ils l'affrontent? — C'est exact! — Ainsi donc, c'est parce qu'ils craignent, c'est par crainte, qu'ils sont courageux : tous, hormis les philosophes ; et pourtant il est absurde assurément que l'on soit courageux par lâcheté et par crainte! — Hé oui! absolument. *(e)* — Mais quoi? ne sont-ils pas dans ce même cas, ceux d'entre ces gens qui ont de la

tempérance, et ne sont-ils pas tempérants par incontinence ? Nous disons bien que c'est là une chose
impossible ; cette sotte tempérance ne les en met
pas moins pourtant dans une situation qui ressemble à cela : redoutant en effet d'être privés de
certains plaisirs, et avides de ces plaisirs mêmes, ils
s'abstiennent d'autres plaisirs, alors que d'autres
plaisirs les dominent ! *(a)* On peut bien appeler
incontinence la sujétion à l'égard des plaisirs, il
n'en arrive pas moins à ces gens qui sont dominés
par des plaisirs, de dominer cependant d'autres
plaisirs ! Or, cela ressemble bien à ce qu'on disait
tout à l'heure : à une pratique de la tempérance qui
a chez eux l'incontinence pour cause. — Cela en a
bien l'air, en effet ! —

« Vois-tu, bienheureux Simmias, il est à craindre
que ce ne soit pas là, par rapport à la vertu, le mode
correct d'échange : celui qui consiste à échanger des
plaisirs contre des plaisirs, des peines contre des
peines, une peur contre une peur, une plus grande
quantité contre une plus petite, comme si c'était
de la monnaie ! que cette monnaie ne soit seule de
bon aloi et contre quoi doivent s'échanger toutes
ces choses : *(b)* la pensée ! que ce soit là ce que, toutes,
elles valent, et le prix dont réellement s'achètent
et se vendent courage, tempérance, justice : la vertu
vraie dans son ensemble, accompagnée de la pensée,
et que s'y joignent ou s'en disjoignent plaisirs ou
peurs, avec tout ce qu'encore il y a du même ordre !
à craindre, dis-je, que tout cela, pris à part de la
pensée et comme matière d'un mutuel échange, ne
constitue cette sorte de vertu qui est une peinture
en trompe-l'œil : vertu réellement servile et qui
n'aurait rien de sain, rien non plus de vrai ; et que

le vrai, d'autre part, ce ne soit une purification à l'égard de tout ce qui ressemble à ces états, *(c)* bref, la tempérance, la justice, le courage, la pensée étant elle-même le moyen d'une purification! Ils risquent fort, enfin, de n'être pas des gens méprisables, ceux qui, chez nous, ont institué les initiations, mais bien plutôt, ces grands hommes, de réellement nous donner à mots couverts, de longue date, cet enseignement : quiconque, disent-ils, arrivera chez Hadès sans avoir été initié ni purifié, aura sa place dans le Bourbier, tandis que celui qui aura été purifié et initié, celui-là, une fois arrivé là-bas, aura sa résidence auprès des Dieux [29]. C'est bien vrai que, en effet, selon les paroles de ceux qui parlent des initiations : *Nombreux sont les porteurs du thyrse, et rares, les Bacchants ! (d)* Or, ceux-ci, selon mon opinion, ne se distinguent pas de ceux qui, au sens droit du terme, s'occupent à philosopher. Pour être de ces derniers, je n'ai certes, pour ma part, et dans la mesure au moins du possible, rien négligé dans ma vie ; de toute manière, au contraire, mon zèle s'y est employé. Si maintenant c'est à bon droit que j'y ai mis tout mon zèle et si cela nous a conduit à quelque chose, c'est un point sur lequel, puisque nous partons là-bas, nous saurons, Dieu le veuille! un peu plus tard, c'est là mon opinion, ce qu'il y a de certain.

« Voilà en somme, dit-il, comment je justifie, Simmias et Cébès, mon bon droit à vous abandonner, vous, et mes Maîtres d'ici, sans que cela me soit pénible à supporter et sans que je m'en irrite, étant persuadé que là-bas, *(e)* non moins qu'ici, je rencontrerai de bons maîtres comme de bons camarades : mais la foule manifeste là-dessus son incrédulité!

Ainsi donc, ce serait parfait, que devant vous j'eusse
été plus persuasif dans ma défense que je ne l'ai été
devant les juges du Peuple d'Athènes! »

II. *La survivance des âmes.*

Sur ces mots de Socrate, Cébès intervint : « A mon
avis, dit-il, ton langage est en grande partie excellent,
(a) mais ce qui se rapporte à l'âme est pour les
hommes un très gros sujet d'inquiétude ; qui sait,
se disent-ils, si, quand elle sera séparée du corps,
elle ne sera plus nulle part, mais sera détruite,
anéantie le jour même où mourra l'homme? qui
sait si, aussitôt séparée du corps et sortie de celui-ci,
elle ne se dissipe pas à la façon d'un souffle ou d'une
fumée et si, lorsqu'elle a de la sorte pris son vol,
elle n'est plus rien nulle part? En conséquence, s'il
est vrai que quelque part elle existe, ramassée en
elle-même et par elle-même et séparée de ces maux
que tu détaillais tout à l'heure, ce serait un grand
et bel espoir, *(b)* Socrate, que ton langage fût vrai!
Il a toutefois certainement besoin d'une confirmation,
et point petite probablement! pour faire croire, et
que l'âme existe une fois l'homme mort, et qu'elle
possède alors quelque activité et quelque pensée. —
Tu dis vrai, Cébès, répondit Socrate. Mais comment
faut-il nous y prendre? Sur la question même, ton
intention est-elle que nous racontions s'il est ou non
vraisemblable que la chose soit comme cela.[30]? —
Moi du moins, dit Cébès, je serais heureux d'entendre
ce que tu penses de ces questions! — En tout cas,
reprit Socrate, personne, en m'entendant à cette
heure, personne, *(c)* fût-ce même un faiseur de

comédies [31], ne dira, je crois bien, que je suis un
bavard et que les propos que je tiens sont sur des
sujets qui ne me concernent pas! Si donc c'est ton
avis, il faut examiner la chose avec soin.

*1. La compensation réciproque des contraires : vie
et mort.*

« Or, prenons-nous-y à peu près comme ceci
pour l'examiner : dira-t-on que les âmes des hommes
défunts existent dans les demeures d'Hadès, ou
bien le niera-t-on? Ceci posé, il existe une vieille
tradition dont nous avons déjà fait mention : c'est
que, d'ici les âmes s'en sont allées là-bas, et qu'à
nouveau, c'est cela, elles s'en viennent ici, et qu'elles
naissent à partir de ceux qui sont morts. S'il en est
ainsi et qu'il y ait, à partir des morts, renaissance
des vivants, que s'ensuit-il, *(d)* sinon que nos âmes
doivent exister là-bas? N'existant pas, elles ne
pourraient en effet, je suppose, renaître ; et que là-
bas soit le lieu de leur existence, on en aurait un
indice suffisant s'il devenait réellement manifeste
que les vivants ne viennent de nulle part ailleurs à
l'existence, sinon à partir de ceux qui sont morts.
Si au contraire cette évidence nous manque, c'est
d'une autre raison que nous aurions alors besoin. —
Hé oui! absolument, dit Cébès. — Eh bien! reprit
Socrate, n'envisage donc pas cela à propos des
hommes seulement, si tu veux que cela se comprenne
plus aisément, mais à propos aussi de tout ce qu'il
y a d'animaux et de plantes, et, pour l'ensemble de
tout ce qui a naissance, voyons si, dans chaque cas,
ce n'est pas toujours de la façon que voici qu'a lieu

cette naissance : *(e)* des contraires uniquement à partir des contraires, dans tous les cas où il existe précisément une relation de ce genre ; le beau, par exemple, étant, je pense, le contraire du laid, le juste le contraire de l'injuste, et mille autres cas évidemment où il en est de même. Voilà donc sur quoi devra porter notre examen : est-il forcé que, dans tous les cas où il existe un contraire, ce contraire ne vienne de nulle part ailleurs à l'existence, sinon à partir de ce qui en est le contraire ? ainsi, quand une chose devient plus grande, c'est forcément, je pense, à partir de plus petite qu'elle était auparavant qu'elle devient ensuite plus grande ? — Oui. — Mais forcément encore, s'il arrive qu'elle devienne plus petite, n'est-ce pas à partir de plus grande, qu'elle était antérieurement, *(a)* qu'elle deviendra postérieurement plus petite ? — C'est exact! dit-il. — Et, bien sûr oui! c'est d'un plus fort que naît ce qui est plus faible ? d'un plus lent, ce qui est plus rapide ? — Hé! absolument. — Mais quoi ? si quelque chose devient pire, n'est-ce pas à partir d'un état meilleur, et, si c'est « plus juste », n'est-ce pas à partir de « plus injuste » ? — Comment le nier ? — En voilà donc assez, dit-il, pour nous faire tenir ce principe : toutes choses viennent à l'existence de la façon que voici, les contraires à partir des contraires. — Oui, absolument! —

« Autre chose, dis-moi! Là-dedans, il y a bien encore un trait que voici : à savoir qu'entre l'un et l'autre des contraires, qui sont deux, il y a toujours deux générations : *(b)* l'une qui part d'un des opposés pour aller vers l'autre, la seconde qui, à son tour, va en sens inverse de celui-ci à celui-là ; en effet, dans une chose, entre être plus grande et être plus petite, il y a place pour accroissement et pour décroissement, et, de la sorte, nous disons, dans un cas, que la chose " s'accroît ", dans l'autre, qu'elle " décroît [32] ". — Oui, dit-il. — C'est ainsi encore que nous disons " se décomposer " et " se composer ", " se refroidir " et " s'échauffer " ; et pour tout ainsi, n'est-ce pas ? même quand parfois nous n'avons pas recours aux mots, il y a du moins cependant une nécessité de fait que, dans tous les cas, cela se passe de la sorte ; et qu'ils naissent l'un de l'autre, qu'il y ait une génération réciproque de chacun des deux vers l'autre. — Hé ! absolument, dit-il. — Mais quoi ? reprit Socrate, *(c)* à " vivre " n'y a-t-il pas un contraire, comme à " être éveillé " il y en a un : " être endormi " ? — Hé oui! absolument, fit-il. — Et ce contraire ? — " Être mort ", répondit-il. — Mais n'est-ce pas l'un de l'autre que naissent ces états, s'il est vrai que ce sont bien des contraires ? et entre eux, qui sont deux, n'y a-t-il pas place pour deux générations ? — Comment le nier ? — Et maintenant, l'un des couples de contraires dont je parlais tout à l'heure, c'est moi, reprit Socrate, qui vais te le formuler, aussi bien ce couple lui-même que ses générations ; quant à l'autre, c'est toi qui me le formuleras. Or, voici ma formule : d'une part " être endormi ", de l'autre " être éveillé " ; de " être endormi " proviennt " être éveillé " et de " être éveillé " provient *(d)* " être endormi " ; pour eux deux enfin, les générations sont, l'une " s'assoupir " et l'autre, " s'éveiller ". Cela te va-t-il, ou non ? — Hé oui! absolument. — Allons! toi aussi, dit-il, donne-moi, de même, ta formule au sujet de " vie " et de " mort ". Ne dis-tu pas que le contraire de " vivre ", c'est " être mort " ? — Je le dis! — Et, d'autre part, qu'ils naissent l'un de l'autre ? — Oui. — Donc, à partir de ce qui est vivant, qu'est-ce qui provient ? — Ce qui est mort. — Mais, reprit-il, de ce qui est mort ? — Il est nécessaire, dit-il, d'accorder que c'est ce qui est vivant. — En ce cas, Cébès, c'est des choses mortes que proviennent celles qui vivent et les êtres vivants ? *(e)* — Évidemment! dit-il. — Par conséquent, nos âmes sont chez Hadès ? — Vraisemblablement! — Mais ensuite, des deux générations relatives à ces termes, n'y en a-t-il pas une au moins qui, justement, ne fait point question ; car il ne fait pas du tout question que c'est " mourir ", n'est-ce pas ? — Hé! oui! absolument, dit-il. Comment donc, dit-il, nous y prendrons-nous ? Nous ne compenserons pas ce terme par la génération contraire ? de cette façon pourtant, c'est la Nature qui sera boiteuse! Ou bien est-il nécessaire qu'à " mourir " soit restituée une génération contraire ? — Totalement nécessaire, à coup sûr! dit-il. — Et quelle est cette génération contraire ? — C'est " revivre ". — Alors, poursuivit-il, s'il est vrai qu'il y a le " revivre ", une génération partant des morts pour aller aux vivants *(a)* ne consisterait-elle pas à revivre ? — Hé! absolument! — Donc, sur ce point encore, il y a accord entre nous : les vivants ne proviennent pas du tout moins des morts que les morts ne proviennent des vivants.

« Mais, cela étant, il y avait là, pensions-nous, un indice peut-être suffisant, de la nécessité d'admettre que les âmes des morts sont quelque part, et que c'est justement à partir de là qu'elles naissent à nouveau! — A mon avis, Socrate, il est, dit-il, d'après ce dont nous sommes convenus, nécessaire qu'il en soit ainsi. — Vois donc alors de la sorte, Cébès,

poursuivit-il, que nous n'avons pas du tout eu tort,
à ce qu'il me semble, d'en convenir. Si en effet il
n'y avait une perpétuelle compensation que se
donnent *(b)* les unes aux autres les choses qui
existent, comme si elles accomplissaient un parcours
circulaire, si au contraire la génération suivait une
droite allant d'un des contraires à celui seulement
qui lui fait face, si elle ne se retournait pas ensuite
vers l'autre et ne faisait pas le tournant [33], alors,
tu ne l'ignores pas, toutes choses finiraient par revêtir
la même figure, par garder leur même état, et leur
génération s'arrêterait. — Que veux-tu dire ? fit-il. —
Il n'y a dans ce que je dis, répliqua Socrate, rien de
difficile à comprendre, mais il en est exactement
comme si, l'existence de " s'assoupir " étant donnée,
l'apparition de " s'éveiller " ne se produisait pas à
partir de l'endormi et ne faisait pas compensation ;
alors, tu ne l'ignores pas, toutes choses finiraient *(c)*
par réduire le cas d'Endymion aux proportions d'une
évidente plaisanterie [34], et il n'aurait plus lieu de se
réaliser puisque toutes les autres choses aussi seraient
dans un état identique au sien, endormies comme
lui! Si toutes choses aussi s'unissaient et si elles ne se
séparaient point, alors le mot d'Anaxagore aurait
tôt fait de se vérifier : *Toutes choses ensemble* [35]!
Que, semblablement, mon cher Cébès, viennent à
mourir toutes les choses qui participent à la vie, que,
une fois mortes, les choses qui sont mortes gardent
la même figure et qu'elles ne revivent pas, ne serait-
il pas absolument forcé que toutes choses finissent
par être mortes et que rien ne fût vivant? *(d)* A
supposer en effet que les choses qui vivent aient
leur origine dans d'autres choses vivantes, comme
les choses vivantes meurent, quel moyen y aurait-il

d'empêcher que toutes choses ne vinssent à la fin
s'abîmer dans la mort ? — A mon avis, Socrate, il
n'y en a aucun, dit Cébès ; mon avis est bien plutôt
que ton langage est entièrement vrai ! — Il n'y a
rien en effet, à mon avis à moi, Cébès, repartit
Socrate, qui ait plus de vérité, et nous ne nous sommes
pas fait illusion en nous accordant sur cela même,
et ceci, au contraire, existe réellement : revivre ;
pour les vivants, provenir de ceux qui sont morts ;
existence des âmes des morts, *(e)* une condition
meilleure pour les âmes bonnes, pire pour les mau-
vaises. —

2. *La réminiscence.*

« En vérité, Socrate, intervint alors Cébès, il en
sera de même encore avec ce fameux argument (au
cas qu'il soit vrai !) dont tu fais un fréquent usage
et d'après lequel, l'instruction n'étant pour nous
rien d'autre précisément que remémoration, il est
forcé, je pense, que nous ayons appris dans un temps
antérieur les choses dont maintenant nous nous
ressouvenons. Or, c'est ce qui est impossible, à
moins que notre âme ne soit quelque part, avant de
naître dans l'humaine forme que voici. *(a)* Par
conséquent, de cette façon encore, l'âme a bien l'air
d'être chose immortelle. — Mais, dis-moi, Cébès,
interrompit Simmias, quelles preuves donne-t-on
de cette théorie ? Rappelle-les-moi, car je ne m'en
souviens pas très bien présentement. — Un unique
argument suffira, dit Cébès, et qui est le plus beau :
un homme qu'on interroge, s'il est interrogé comme
il faut, de lui-même s'exprime sur tous les sujets

comme le demandent ceux-ci ; et pourtant, s'il n'en avait pas eu lui-même connaissance et conception droite, il ne serait pas capable de le faire ; que, pour prendre ensuite un exemple, on le conduise à la considération des figures géométriques *(b)* ou à quelque autre considération du même genre, on juge alors, avec toute la certitude possible, qu'il en est bien ainsi [36]. —

L'association des idées.

« En cas que, de cette façon au moins, dit Socrate, on ne te convainque pas, Simmias, examine si, en envisageant la chose à peu près de la façon que voici, tu t'associes à mon opinion. Ce qui suscite en effet tes doutes, c'est certainement, n'est-ce pas ? que tu ne vois pas comment ce qu'on nomme " apprendre " peut être une remémoration. — Des doutes ? dit Simmias ; mais je n'en ai pas ! Ce que je demande, c'est qu'on me procure l'état que concerne l'argument, et qui consiste à se ressouvenir ! Déjà, à la vérité, ce que Cébès s'est mis à en dire a un peu contribué à m'en faire souvenir et à me convaincre ; il n'en reste pas moins que j'aimerais à entendre de quelle façon toi, tu t'es mis à en parler ! *(c)* — Eh bien ! dit Socrate, voici comment je procède. Sans aucun doute, nous convenons en effet, n'est-ce pas ? que, pour se ressouvenir de quelque chose, il faut qu'auparavant, à un moment quelconque, on l'ait su. — Hé ! absolument, fit-il. — Mais est-ce que nous convenons aussi que le savoir, chaque fois qu'il se produit dans des conditions telles que celles-ci, est remémoration ? Voici de quelle sorte de conditions je parle. Quand il arrive qu'en voyant ou en entendant ceci ou cela, en éprouvant toute autre sensation, notre connaissance ne se borne pas à ce dont il s'agit, et qu'on ait cependant aussi l'idée d'une autre chose, sur laquelle porte, non pas le même savoir mais un autre, n'avons-nous pas alors le droit de dire qu'on s'est ressouvenu de ce dont on a eu l'idée ? *(d)* — Qu'entends-tu par là ? — Quelque chose du genre des exemples que voici. Autre est, je pense, un savoir relatif à un homme ou relatif à une lyre. — Comment en effet le nier ? — Mais ne sais-tu pas que c'est ce qui arrive aux amants, quand ils voient une lyre, un vêtement, n'importe quoi d'autre dont leurs bien-aimés ont l'habitude de se servir ? Ils ont à la fois eu connaissance de la lyre, et ont pris conscience dans leur pensée d'une image du mignon à qui appartient la lyre. Or, voilà en quoi consiste une remémoration. Même chose en vérité si, maintes fois, en voyant Simmias, on se ressouvient de Cébès ; et l'on aurait, je pense, des milliers d'autres exemples analogues. — Par Zeus ! des milliers assurément, dit Simmias. — Et ce qui est de même nature, reprit-il, *(e)* est bien une remémoration ? principalement, sans doute, quand cela nous arrive à propos de choses que, par suite du temps écoulé ou de la distraction, nous avions oubliées déjà ? — Hé oui ! dit-il, absolument ! — Mais quoi ? ajouta-t-il, n'est-il pas possible que, en voyant un cheval en peinture, une lyre en peinture, on se ressouvienne d'un homme ? que, en voyant Simmias en peinture, on se ressouvienne de Cébès ? — Oui, absolument ? — Mais, également, que en voyant Simmias en peinture, on se ressouvienne de Simmias en personne ? — Possible, assurément ! dit-il. *(a)* —

« Sous tous ces rapports, donc, est-ce qu'il ne
résulte pas que la remémoration a lieu, tantôt à
propos des semblables, tantôt à propos des dissem-
blables ? — C'est ce qui résulte. — Mais, quand c'est
à partir des semblables que l'on se ressouvient de
ceci ou de cela, ne se passe-t-il pas forcément en
outre ceci, que l'on se demande si, quant à la ressemblance, il manque ou non quelque chose, dans ce
ressouvenir, par rapport à la chose même dont il y a
eu ressouvenir ? — Forcément ! dit-il. — Examine
donc, reprit Socrate, si c'est ainsi que cela a lieu.
Nous disons, n'est-ce pas ? qu'il y a quelque chose
qui est égal ; je n'entends pas un bout de bois égal
à un bout de bois, pas davantage un caillou égal à
un caillou, rien d'autre non plus de ce qui est analogue, mais en dehors de tout cela quelque chose de
distinct, l'Égal qui n'est rien qu'égal : nous faut-il
dire que c'est quelque chose, ou bien rien ? — Bien
sûr, par Zeus ! qu'il nous faut le dire ! s'écria Simmias ;
(b) et y étant même prodigieusement obligés ! —
Savons-nous aussi ce que c'est en soi-même ? — Hé !
absolument, dit-il. — Et où avons-nous pris à son
sujet ce savoir ? Le point de départ n'en est-il pas
ces choses que nous disions tout à l'heure : bouts
de bois, cailloux, ·ou telles choses que nous avons
constatées égales et à partir desquelles nous avons
pensé à cet Égal qui en est distinct ? Nieras-tu qu'à
tes yeux il en soit distinct ? Or, examine encore la
chose sous ce jour : est-ce que parfois des cailloux,
des bouts de bois, qui sont égaux, ne sont pas, aux
yeux de celui-ci, égaux, et non aux yeux de cet autre,
alors qu'il n'y a dans ces choses rien de changé ? —
Hé oui ! absolument. — Mais quoi ? est-ce que l'Égal
qui n'est rien qu'égal s'est jamais montré à toi iné-

gal, *(c)* autrement dit l'égalité, une inégalité ? —
Jusqu'à présent, jamais, Socrate ! — C'est donc,
reprit-il, qu'il n'y a point identité entre l'égalité de
ces choses-là et l'Égal qui n'est rien qu'égal. — Je
n'en aperçois d'aucune façon, Socrate ! — Il n'en est
pas moins certain, dit-il, que c'est à partir des égalités
de ces choses, qui sont distinctes de l'Égal dont nous
parlons, que pourtant tu as eu l'idée d'un savoir
concernant celui-ci et acquis ce savoir. — Ce que
tu dis, fit-il, est la vérité même ! — Mais ne le con-
cerne-t-il pas, aussi bien en tant que cet Égal est
semblable à ces égalités, que en tant qu'il en est
dissemblable ? — Hé ! absolument. — La vérité,
reprit Socrate, c'est que cela est tout à fait indifférent : du moment que, voyant une chose, cette perception t'a servi de point de départ pour en penser
une autre, dès lors, qu'il y ait ressemblance, *(d)*
qu'il y ait dissemblance, forcément, déclara-t-il,
ce qui s'est produit est une remémoration. — Hé !
oui, absolument ! —

Expérience intelligible.

« Mais quoi ? dit Socrate, est-ce de pareille façon
que cela se passe en nous dans le cas des égalités
de bouts de bois, des égalités aussi que nous mention-
nions tout à l'heure ? Est-ce que ces choses nous
manifestent la même sorte d'égalité que ce qui est
l'Égal, rien qu'égal ? ou bien leur manque-t-il quelque
chose, ou rien, de la propriété en question pour être
de même sorte que l'Égal ? — Il leur en manque
beaucoup, ma foi ! dit-il. — Mais ne convenons-nous
pas de ceci ? Quand, en voyant quelque chose, on

se dit : « Cette chose que moi, je vois à présent, elle voudrait être de même sorte que telle autre réalité, mais il s'en manque et elle est incapable *(e)* d'être de même sorte que l'autre ; bien plutôt, elle a une moindre valeur », ces réflexions ne supposent-elles pas forcément, je pense, qu'antérieurement on s'est trouvé à connaître la réalité avec laquelle l'objet présent a, dit-on, de la ressemblance, par rapport à laquelle d'autre part il a le dessous ? — C'est forcé ! — Mais quoi ? notre cas, à nous aussi, a-t-il été, ou non, analogue, en ce qui concerne les égalités particulières, et l'Égal qui n'est rien qu'égal ? — Entièrement analogue, oui ! — Ainsi donc, nous avons eu forcément une connaissance de l'Égal antérieurement à ce temps *(a)* où pour la première fois la vue de ces égalités nous a donné l'idée qu'elles aspiraient, toutes, à être de même sorte que l'Égal, que cependant elles restaient en dessous ? — C'est exact ! —

« Mais, bien certainement encore, voici de quoi nous convenons : c'est que l'idée de l'Égal ne nous est pas venue, qu'elle ne pouvait pas nous venir d'ailleurs que du fait de voir, de toucher ou d'éprouver quelque autre de nos sensations, et de toutes celles-ci je dis pareil. — C'est qu'en effet, Socrate, c'est pareil ; au moins par rapport à ce que l'argument se propose de montrer. — Il n'est pas douteux pourtant que c'est bien à partir des sensations que nécessairement l'idée nous vient, et d'attribuer à toutes les égalités qui sont comprises dans nos sensations *(b)* une aspiration à ce dont l'existence est d'être égal, et de juger qu'elles sont au-dessous de cette existence ; ou bien comment nous exprimerons-nous ? — Comme cela ! — Ainsi donc, c'est avant d'avoir commencé à voir, à entendre, à user des autres sens, que nécessairement nous nous sommes trouvés à avoir acquis une connaissance de l'Égal qui n'est rien qu'égal, et de ce qu'il est ; nécessairement, si nous devions être à même, ultérieurement, de rapporter à ce terme supérieur les égalités qui nous viennent des sensations ; et pour cette raison que toutes les égalités de cette sorte ont grande envie d'être de l'espèce du terme en question, mais qu'elles ont une moindre valeur. — C'est forcé, Socrate, d'après ce que nous avons dit auparavant. — Mais, aussitôt nés, ne voyions-nous pas ? n'entendions-nous pas ? n'avions-nous pas nos autres sensations ? — Hé! absolument. *(c)* — Mais, d'autre part, il était nécessaire, à la vérité, qu'avant ces sensations nous eussions, disons-nous, acquis la connaissance de l'Égal ? — Oui. —

« Donc, c'est avant de naître, semble-t-il bien, que, forcément, nous l'avons acquise ? — Il le semble bien. — Mais puisque, ayant acquis cette connaissance avant de naître, nous la possédions quand nous sommes nés, alors, n'est-ce pas ? et avant de naître, et aussitôt nés, nous connaissions, non pas seulement l'Égal avec le Plus-grand et le Plus-petit, mais encore, sans réserve tout ce qui est du même ordre. Car ce n'est pas plus sur l'Égal que porte à présent notre raisonnement, plutôt que sur le Beau qui n'est que cela, sur le Bon qui n'est que cela, sur le Juste, sur le Saint, et, je le répète, *(d)* sur tout ce que, sans exception, nous marquons de cette empreinte : « réalité qui n'est que soi » ; aussi bien dans nos interrogations quand nous interrogeons, que dans nos réponses quand nous répondons [37]. Par suite, nous avons forcément acquis avant de naître la

connaissance de toutes ces réalités... — C'est exact.
— Et, à moins que, l'ayant acquise, nous ne l'ayons
oubliée à chaque fois [38], forcément toujours nous
naissons les connaissant, et toujours nous les connais-
sons d'un bout à l'autre de notre existence. Connaître
en effet, c'est, après avoir acquis le savoir de quelque
objet, avoir en sa possession ce savoir et ne point
l'avoir perdu : ne disons-nous pas, Simmias, que
l'oubli est une déperdition de savoir? — Cela ne
fait aucun doute, Socrate! dit-il. *(e)* — On pourrait,
il est vrai, supposer que, ayant acquis cette connaissance avant de naître, nous l'avons perdue en
naissant, mais que, par la suite, l'usage de nos sens,
à propos des objets de la connaissance dont il s'agit,
nous a fait réacquérir celle-ci, que nous possédions
autrefois et auparavant ; est-ce que, dans cette hypothèse, ce que nous appelons " apprendre ", ne serait
pas réacquérir une connaissance qui nous appartient?
Et sans doute, en appelant cela " se ressouvenir ",
nous exprimerions-nous correctement? — Oui,
absolument! — Cette possibilité nous est bien appa-
rue en effet, *(a)* que, lorsqu'on perçoit quelque chose,
soit par la vue, soit par l'ouïe, ou qu'on éprouve une
autre sensation, cela donne occasion de penser à
une autre chose qu'on avait oubliée et, ou bien avec
laquelle cela, quoiqu'il en soit dissemblable, avait
quelque rapport de contiguïté, ou bien à laquelle
cela ressemblait. En conséquence, je le répète, de
deux choses l'une : ou bien nous sommes nés avec la
connaissance des " en soi " et cette connaissance,
tous, nous la gardons d'un bout à l'autre de notre
existence ; ou bien, postérieurement à leur naissance,
ceux dont nous disons qu'ils " apprennent ", ils
ne font rien d'autre, ceux là, que de se « ressouvenir »,

et ainsi l'instruction serait une remémoration. — C'est, ma foi, tout à fait cela, Socrate! — Or, Simmias, laquelle choisis-tu de ces deux éventualités? que nous soyons nés avec le savoir? ou bien, que nous nous ressouvenions *(b)* ultérieurement de ce dont antérieurement nous avons acquis une connaissance? — Dans le moment présent, Socrate, je ne suis pas à même de choisir! —

« Mais, dis-moi, voici un choix que tu es à même de faire et à propos duquel tu l'es de me dire en quel sens tu te décides : un homme qui sait, serait-il en état ou non, de rendre raison de ce qu'il sait? — Absolument indispensable, Socrate! dit-il. — Es-tu, en outre, d'avis que tous les hommes soient en état de rendre raison de ces réalités dont nous parlions tout à l'heure? — C'est assurément ce que je voudrais, Socrate! Mais, ce dont j'ai bien davantage peur, c'est que demain, à pareille heure, il n'y ait plus, parmi les hommes, personne qui soit capable de le faire de façon qui vaille! *(c)* — C'est donc, en vérité, dit Socrate, que, à ton avis, tous les hommes ne connaissent pas ces réalités, Simmias! — On ne saurait le prétendre! — Donc ils se ressouviennent de ce qu'ils ont autrefois appris? — Forcément! Quand nos âmes ont-elles acquis la connaissance de ces réalités? Ce n'est pas en effet, bien sûr, depuis que hommes nous sommes nés! — Non, bien sûr! — Donc, antérieurement? — Oui. — Mais alors, Simmias, les âmes avaient donc une existence, antérieurement à la leur dans une forme d'homme, une existence à part des corps et avec la possession d'une pensée. — A moins que par hasard, Socrate, l'acquisition de ces connaissances n'ait lieu dans le moment où nous naissons, car ce temps-là nous reste encore!

(d) — Ah! vraiment mon camarade? Mais dans quel autre temps alors, les perdons-nous? Car si, nous en sommes convenus tout à l'heure, ce n'est pas avec une actuelle possession de ces réalités que nous sommes nés, alors, ou bien nous les perdons dans le temps même où précisément nous aussi les acquérons? ou bien as-tu quelque autre temps à alléguer? — Absolument aucun, Socrate! Mais, sans m'en douter, j'ai parlé pour ne rien dire! —

« Dans ces conditions, dit-il, n'est-ce pas ainsi, Simmias, que la chose se présente? S'il existe comme nous ne cessons de le ressasser, un Beau, un Bon, bref, tout ce qui est une réalité du même type, et que ce soit à cette réalité que nous rapportions toutes les données de nos sens ; *(e)* réalité dont l'existence antérieure s'est révélée à notre recherche comme nous appartenant en propre ; bref, si c'est à elle que nous comparons ces données, alors, c'est forcé, tout aussi bien que ces réalités existent, tout aussi bien existe aussi notre âme, avant même que nous soyons nés. D'un autre côté, si ces réalités n'existent pas, ne sera-ce pas en pure perte que nous aurons énoncé cette théorie? N'est-ce pas ainsi que se présentent les choses : égale nécessité, et de l'existence de ces réalités, et de l'existence de nos âmes, avant même que nous soyons nés? ou de la non-existence de celles-là et de la non-existence de ce qui nous occupe? — C'est prodigieux, Socrate, dit Simmias, à quel point, selon moi, cette nécessité est la même! Oui, voilà pour la théorie un magnifique refuge, *(a)* que cette similitude de l'existence entre notre âme, antérieurement à la naissance, et la réalité dont à présent tu parles! Pour ma part, en effet, je n'ai rien qui, à mes yeux, ait une évidence comparable

à celle-ci : que le plus haut degré de l'existence appartient à tout ce qui est du même type que ce Beau,
ce Bon, que toutes ces autres réalités que tu mention-
nais tout à l'heure! En somme, pour ce qui me concerne, il suffit de cette démonstration. —

Une objection; réponse de Socrate.

Mais pour ce qui concerne Cébès? reprit alors
Socrate ; car il faut aussi convaincre Cébès. — Elle
lui suffit, dit Simmias, autant que je puis croire ;
et pourtant, c'est le plus résistant des hommes pour
ce qui est de la défiance à l'égard des arguments!
Le point sur lequel rien cependant, je crois, ne
manque à sa conviction, *(b)* c'est l'existence de
notre âme avant que nous soyons nés. Toutefois,
lorsque nous serons morts, existera-t-elle encore?
Voilà poursuivit Simmias, ce qui, même à mon avis,
Socrate, n'a point été prouvé. Au contraire, elle
reste encore debout l'opinion dont parlait Cébès
tout à l'heure, cette crainte du vulgaire que l'âme
de l'homme, au moment où il meurt, ne se dissipe
et que ce ne soit là pour elle la fin de son existence.
Qu'est-ce qui empêche, en effet, l'âme de trouver
quelque part ailleurs le point de départ de son existence et de sa constitution, d'exister avant d'être
parvenue dans un corps humain, mais, d'autre part,
quand elle y sera parvenue et qu'ensuite elle s'en
sera séparée, de terminer alors, elle aussi, son existence et d'être anéantie ? *(c)* — Bien parlé, Simmias!
dit Cébès. C'est évident en effet : on n'a prouvé que
la moitié, en quelque sorte, de ce qu'il fallait prouver,
l'existence de notre âme avant que nous soyons nés ;

mais il fallait prouver en outre que, quand nous serons morts, elle n'en existera pas du tout moins qu'avant notre naissance ; c'est à cette condition que la preuve sera achevée. —

« La preuve, reprit Socrate, vous la tenez, Simmias et Cébès ; et même dès maintenant, si vous acceptez de réunir en un seul argument celui-ci et celui sur lequel, avant lui, nous nous sommes mis d'accord, que tout ce qui vit provient de ce qui est mort. S'il y a en effet préexistence de l'âme et que, d'autre part, forcément, *(d)* sa venue à la vie, sa naissance, ne puissent provenir de nulle part ailleurs, sinon de la mort et du fait d'être mort, comment alors ne serait-il pas forcé qu'elle existât même après notre mort, puisque aussi bien il faut qu'elle naisse à nouveau ? Donc, la preuve a été donnée, et (c'est précisément ce que je disais) dès maintenant. Malgré tout Cébès, toi aussi Simmias, vous auriez, me semble-t-il, plaisir à approfondir davantage encore l'examen de l'argument, et votre crainte paraît être celle des enfants : que véritablement l'âme, au moment où elle sort du corps, ne soit dispersée et dissipée par le souffle du vent ; *(e)* et cela surtout quand, au lieu de mourir par temps calme, le sort veut que cela se passe au moment d'une bourrasque ! » Cébès se mit à rire : « Fais, Socrate, comme si cette crainte était la nôtre ! dit-il. Et tâche de nous réconforter ! Bien plutôt, ne fais pas comme si c'était nous qui avions cette crainte, mais comme s'il était probable qu'au-dedans de nous il y eût un enfant, un enfant à qui font peur ces sortes de choses ! C'est donc cet enfant qu'il te faut tâcher de réconforter, d'empêcher de craindre la mort comme il craint le Croquemitaine ! — Eh bien ! répliqua Socrate, ce qu'il faut à cet enfant, c'est une incantation quotidienne, jusqu'à l'exorcisation complète! *(a)* — Mais alors, dit-il, d'où tirerons-nous, Socrate, un enchanteur capable de pratiquer cette sorte d'exorcismes, puisque toi, ajouta-t-il, tu nous abandonnes? — Cébès, la Grèce est grande! répondit Socrate; et elle renferme je suppose, des hommes de mérite; nombreux sont, d'autre part, les peuples barbares? Parmi tous ces hommes il vous faut fouiller soigneusement, en quête d'un pareil enchanteur; sans épargner ni argent, ni peines; avec l'idée qu'il n'est rien à quoi vous puissiez, avec plus d'à-propos, dépenser votre argent! Votre enquête, d'autre part, il faut aussi qu'elle soit mutuelle; car il ne vous serait probablement pas facile non plus de trouver des gens plus capables que vous-mêmes de jouer ce rôle! — Eh bien! répliqua Cébès, c'est ce qui aura lieu en effet! *(b)* Mais reprenons, s'il te plaît, où nous en étions restés. —

3. Les objets des sens et les objets de la pensée.

« Bien sûr que cela me plaît! Comment en effet pourrait-il ne pas en être ainsi? — C'est bien parler! dit-il. — Eh bien! alors, reprit Socrate, la question que nous devons nous poser, n'est-elle pas celle-ci : à quelle espèce d'être peut-il bien convenir d'être affecté de cet effet, qui consiste à se dissiper? puis, à propos de quelle espèce de chose convient-il de craindre qu'on ne soit affecté de cet effet, et pour quelle espèce de sujet? Après quoi, enfin, ne devrons-nous pas examiner si cette espèce de sujet est âme, et si c'est en conséquence de cette espèce de chose qu'il y a lieu d'avoir confiance ou crainte à propos de notre âme ? — C'est la vérité! dit-il. — Eh bien! n'est-ce pas à ce qui a été composé, *(c)* comme à ce qui est naturellement composé, qu'il convient d'être affecté comme suit : être décomposé de la façon dont précisément il a été composé? tandis que, s'il y a par hasard une chose qui soit incomposée, c'est à celle-là seule, plus qu'à aucune autre, qu'il convient de n'être pas affecté de la sorte? — Mon avis, dit Cébès, est que c'est exactement comme cela. — Or, ce qui, précisément, garde toujours les mêmes rapports et la même nature, n'est-ce pas en cela que consistent principalement les choses incomposées? tandis que celles qui tantôt sont ainsi et tantôt autrement, et qui ne gardent jamais les mêmes rapports, ce sont elles qui sont composées? — Quant à moi, je pense qu'il en est ainsi. —

« Sur ce, dit Socrate, revenons où nous en étions justement dans notre précédente argumentation. Cette réalité en soi, *(d)* de l'être de laquelle nous rendons raison, quand nous interrogeons aussi bien que quand nous répondons, est-ce qu'identiquement elle garde toujours les mêmes rapports? ou bien est-elle tantôt ainsi et tantôt autrement? L'Égal en soi, le Beau en soi, la réalité en soi de chaque chose, son être, se peut-il que cela soit susceptible de changement, et même du moindre changement? Ce qu'est chacune de ces choses, l'unicité en soi et par soi de son être, cela garde-t-il toujours identiquement les mêmes rapports et admet-il jamais, nulle part, d'aucune façon, aucune altération? — Cela, c'est forcé, Socrate, garde identiquement les mêmes rapports! dit Cébès. — Mais qu'en est-il de la multiplicité des choses belles, *(e)* hommes par exemple, ou chevaux, ou vêtements, ou quoi que ce soit d'autre du même genre, et qui est soit égal, soit beau, bref portant toujours la même dénomination que les réalités dont il s'agit ? Est-ce que celles-là gardent les mêmes rapports ? ou bien, tout au contraire de ce qui a lieu pour les autres, ne gardent-elles, pour ainsi dire jamais, d'aucune manière les mêmes rapports, ni chacune par rapport à elle-même, ni les unes par rapport aux autres ? — A leur tour, dit Cébès, elles se comportent ainsi : jamais identiquement! *(a)* — Mais, tandis que celles-ci, tu peux les toucher, tu peux les voir, tu peux en avoir la sensation par tes autres sens, les autres, celles qui gardent les mêmes rapports, il ne t'est pas possible de les appréhender autrement que par l'exercice réfléchi de la pensée, les objets de ce genre étant au contraire invisibles et n'étant pas atteints par un acte de vision ? — Ton langage, dit-il, est d'une parfaite vérité! — Admettons donc, veux-tu ? reprit Socrate, qu'il existe deux espèces d'êtres, d'une part l'espèce visible, de l'autre l'espèce invisible. — Admettons-le! dit-il. — Et que, l'espèce invisible gardant toujours les mêmes rapports, l'espèce visible de son côté ne garde jamais les mêmes rapports. — Cela encore, dit-il, admettons-le! —

« Poursuivons donc! reprit Socrate. N'est-il pas vrai que, en nous-mêmes, *(b)* il y a deux choses qui sont, l'une, corps, l'autre, âme ? — Rien de plus vrai! dit-il. — Mais à laquelle de nos deux espèces pouvons-nous dire que le corps est le plus ressemblant et le plus étroitement apparenté ? — Pour tout le monde, répondit-il, il est clair que c'est à l'espèce visible! — Et l'âme, qu'est-elle ? chose visible ou chose invisible ? — Si c'est chose visible, dit-il, au

moins n'est-ce pas de la part des hommes! — Point
de doute, cependant! En parlant de choses visibles
et de choses qui ne le sont pas, on parle en ayant
égard à la nature humaine ; à moins qu'à ton sens
ce ne soit eu égard à quelque autre nature? — Eu
égard à la nature humaine! — De l'âme donc, que
disons-nous? Chose visible, ou chose qu'on ne voit
pas? — Chose qu'on ne voit pas! — Invisible par
conséquent? — Oui. — Donc l'âme a plus de ressemblance que le corps avec l'espèce invisible, et
celui-ci en a davantage avec l'espèce visible. *(c)* —
De toute nécessité, Socrate! — Mais voici encore
quelque chose que nous disions, il n'y a pas bien
longtemps : l'âme, quand elle a recours au corps
pour l'examen de quelque question, au moyen, soit
de la vue, soit de l'ouïe, soit de quelque autre sens
(car c'est faire l'examen d'une question au moyen du
corps que de le faire au moyen de la sensation),
l'âme, dis-je, n'est-elle pas alors traînée par le corps
dans la direction de ce qui ne garde jamais les
mêmes rapports? n'est-elle pas, elle-même divagante,
troublée, en proie au vertige d'une sorte d'ivresse,
et cela parce qu'elle est en contact avec des choses
analogues? — Hé! absolument. — Quand d'autre
part, c'est en elle-même et par elle-même qu'elle
fait cet examen, *(d)* alors n'est-ce point là-bas qu'elle
s'élance, vers le pur, le toujours existant, l'impérissable, ce qui est toujours pareil à soi-même? que,
en tant qu'elle est apparentée à celui-ci, elle en devient
toujours la compagne, justement quand elle s'est
isolée en elle-même et que la chose lui est permise?
n'en finit-elle pas alors de sa divagation et, au voisinage des objets dont il s'agit, ne garde-t-elle pas
toujours identiquement les mêmes rapports, en tant

qu'elle est en contact avec des choses de cet ordre ?
n'est-ce pas enfin à cet état de l'âme qu'on a donné
le nom de " pensée " ? — Ton langage dit-il, est
d'une aussi parfaite beauté que d'une parfaite vérité,
Socrate ! — A laquelle donc des deux espèces, une
fois de plus, l'âme, en vertu des raisons précédentes
comme de celles que nous alléguons à présent, *(e)*
l'âme, selon toi, est-elle le plus ressemblante et le
plus étroitement apparentée ? — Selon moi, répondit-
il, tout le monde, en suivant cette voie et si rebelle
eût-on la compréhension, concéderait, Socrate, qu'en
tout et pour tout l'âme est ce qui ressemble davantage à l'être qui se comporte toujours identiquement
plutôt qu'à celui dont ce n'est pas le cas ? — Et
le corps de son côté ? — A l'autre espèce. —

Conséquences.

« Eh bien ! considère encore la question sous le
jour que voici : lorsque sont unis ensemble âme et
corps, *(a)* à l'un la nature prescrit d'être esclave et
soumis à une autorité, à l'autre d'exercer l'autorité
et d'avoir la maîtrise ; cette fois, sous ce rapport,
est-ce, à ton avis, à ce qui est divin que ressemble
l'âme ? est-ce à ce qui est mortel ? Mais peut-être
n'est-ce pas ton avis que ce qui est divin soit, de
nature, fait pour exercer l'autorité et la direction ?
ce qui est mortel pour être soumis à l'autorité et
pour être esclave ? — C'est bien mon avis ! — Mais
auquel des deux l'âme ressemble-t-elle donc ? —
C'est trop clair, Socrate : l'âme ressemble à ce qui est
divin, le corps, à ce qui est mortel ! — Dès lors,
poursuivit Socrate, examine, Cébès, si le résultat

de tout ce que nous avons dit n'est pas pour nous ce qui suit : *(b)* ce qui ressemble le plus à ce qui est divin, impérissable, intelligible, qui possède l'unicité de la forme, qui est indissoluble, qui toujours garde, identiquement avec soi, les mêmes rapports, c'est l'âme ; ce qui, d'autre part, ressemble, le plus à ce qui est humain, mortel, non intelligible, qui a multiplicité de la forme, qui est sujet à dissolution, qui jamais ne garde avec soi les mêmes rapports, c'est, à son tour, le corps. Avons-nous le moyen, mon cher Cébès, de tenir un autre langage et qui ne s'accorde pas avec celui-là ? Ou bien est-ce ainsi qu'il en est ? — Nous n'en avons pas le moyen ! —

« Mais quoi ? Puisque les choses sont ainsi, est-ce qu'il ne convient pas au corps de vite se dissoudre et à l'âme, en revanche, d'être totalement indissoluble ou bien d'en être assez près ? *(c)* — Comment en effet le nier ? — Voici donc, dit-il, comment tu te représentes la chose. Quand l'homme est mort, ce qui en lui se voit, son corps, gisant de plus en quelque chose qui se voit [39], bref, ce qu'alors on appelle un cadavre, à quoi il convient de se dissoudre, de tomber en poussière, de se perdre en fumée, cela n'est pas immédiatement soumis à ces accidents. Au contraire, cela résiste pendant un temps passablement long : déjà considérable pour qui trépasse avec un corps dans sa grâce et à la fleur de l'âge ; d'une durée prodigieuse, et la conservation étant presque intégrale, quand le corps est en fait décharné et comme momifié, à la manière des momies égyptiennes. *(d)* Et, d'un autre côté, il y a quelques parties du corps, les os, les tendons, avec toutes les parties du même genre, qui, même quand le corps n'est que pourriture, sont cependant, pour ainsi parler, impérissables.

N'est-il pas vrai ? — Oui. — Et alors l'âme, au contraire, ce qui est invisible, ce qui s'en va vers un lieu autre, vers un lieu qui lui est analogue, lieu noble, pur, invisible, vers la demeure de l'authentique Invisible [40], chez Hadès, auprès du Dieu bon et sage ; lieu auquel, si la Divinité le veut bien, mon âme aussi devra tout à l'heure se rendre ; ainsi, c'est cette âme-là, cette âme dont tels sont en nous les caractères et la constitution naturelle, qui, aussitôt séparée du corps, s'est, au dire de la majorité des hommes, dispersée et a péri !

La destinée des âmes après la mort.

« Ah ! il s'en faut de beaucoup, *(e)* chers Simmias et Cébès ; mais voici bien plutôt ce qui en est. Si c'est en état de pureté que l'âme s'est séparée du corps, n'entraînant avec elle rien de celui-ci, parce que, dans le cours de la vie, elle n'a, de son plein gré, nul commerce avec lui, mais qu'au contraire elle le fuit et s'est de son côté ramassée sur elle-même ; parce que c'est à cela qu'elle s'exerce toujours... ; en quoi faisant, elle ne fait rien d'autre que de philosopher au sens droit du terme *(a)* et de réellement s'exercer à mourir sans y faire difficulté : contesteras-tu que ce soit là un exercice de mort ? — C'en est un, absolument ! — Mais une âme qui se comporte ainsi, c'est vers ce qui lui ressemble qu'elle s'en va, vers l'invisible, vers ce qui est divin, impérissable, sage, vers le but où, une fois parvenue, il lui appartient d'être heureuse ; où divagation, déraison, terreurs, sauvages amours, tous les autres maux qui sont maux humains, elle en est débarrassée ; passant

véritablement, comme on le dit des initiés, le reste
de son temps dans la compagnie des Dieux! Est-ce
ce langage-là, Cébès, qu'il nous faut tenir, ou bien
un autre? — Celui-là, par Zeus! répondit Cébès. *(b)*
Que si, au contraire, je le crois, c'est, étant souillée
et sans s'être purifiée, que l'âme se sépare de son
corps, alors, parce qu'elle a toujours été en société
avec lui, parce qu'elle lui a donné ses soins et son
affection, qu'elle a été ensorcelée par lui, par ses
convoitises et par ses plaisirs au point de ne rien
tenir d'autre pour vrai, sinon ce qui est d'aspect
corporel, ce que l'on peut toucher et voir, ce qu'on
boit et mange, ou qui sert à l'amour ; tandis que ce
qui est, pour nos yeux, enténébré et invisible, intelligible d'autre part et saisissable par la philosophie,
voilà ce qu'elle s'est accoutumée à haïr, à craindre
en tremblant et à fuir ; étant donc dans un tel état,
(c) une âme, selon toi, sera-t-elle isolée en elle-même,
sans mélange, quand elle se séparera de son corps?
— Pas le moins du monde! dit-il. — Je la crois au
contraire tout entremêlée d'éléments de nature
corporelle, qu'ont fait entrer dans sa nature sa
familiarité avec le corps, sa communauté d'existence
avec lui, puisqu'elle ne l'a jamais quitté et que c'est
à ne le point quitter qu'elle s'est abondamment
exercée. — Hé! absolument. — Or, c'est quelque
chose qui pèse, mon cher, et dont il faut penser que
c'est lourd, terreux, visible! Naturellement, une
pareille âme, avec ce contenu, est alourdie, tirée en
arrière vers le lieu visible par la peur du lieu invisible,
de la demeure d'Hadès comme on dit ; *(d)* elle se
vautre à l'entour des monuments funéraires et des
tombes, à l'entour desquels, justement, se voient
je ne sais quels fantômes ombreux d'âmes, simu-

lacres comme en peuvent fournir les âmes qui sont
de ce genre ; âmes qui, pour n'avoir pas été affran-
chies en état de pureté, mais en état de participation
au visible, sont elles-mêmes de ce fait objets de
vision ! — C'est au moins vraisemblable, Socrate. —
« Vraisemblable assurément, Cébès ! Ce qui, en
vérité, ne l'est guère, c'est que ces âmes soient celles
des bons ; celles des méchants, bien plutôt, qui sont
forcées d'errer à l'entour de ces sortes d'objets,
payant ainsi la peine de leur façon de vivre antérieure, laquelle était mauvaise. Et même elles ne
cessent d'errer, *(e)* jusqu'au jour où, de nouveau,
sous la pression du compagnon qui leur est attaché,
à savoir l'élément corporel, elles viennent s'enchaîner
dans un corps. Or, ainsi qu'il est vraisemblable, elles
viennent s'enchaîner dans des mœurs dont les
caractères sont analogues à celles qu'ils ont précisément pratiquées leur vie durant. — Qu'entends-tu
donc par ces mœurs, Socrate ? — Le voici : ceux
dont la gloutonnerie, la démesure, la passion de
boire ont été la pratique ordinaire, et qui ne s'en
sont pas défendus, c'est vraisemblablement dans des
formes d'ânes et d'autres pareilles bêtes, que vont
se plonger leurs âmes ; *(a)* ne le penses-tu pas ? —
Hé oui ! ce que tu dis n'a rien que de vraisemblable.
— Quant à ceux qui ont prisé par-dessus tout les
injustices, les tyrannies, les rapines, ce sera dans des
formes de loups, de faucons, de milans ; à moins
que nous ne fassions aller quelque part ailleurs les
âmes de ce genre ? — Ne t'en mets pas en peine ! dit
Cébès : ce sera dans de telles formes. — Aussi bien,
n'est-il pas dès lors manifeste, poursuivit-il, que,
dans les autres cas aussi, la destination éventuelle
de chaque âme sera déterminée par la similitude de

sa pratique ordinaire ? — Manifeste assurément!
dit-il ; comment pourrait-on le nier ? — Mais, même
dans ces gens-là, les plus heureux, reprit Socrate,
et qui seront destinés à une meilleure place, ne
seront-ils pas ceux qui se seront adonnés à cette
vertu sociale et civique, *(b)* qui, sous le nom, précisément, de tempérance et de justice, est une vertu
fondée sur l'habitude et l'exercice, sans le concours
de la philosophie et de la réflexion ? — En quoi donc
seront-ils les plus heureux ? — En ce que, vraisemblablement, leur réincarnation les fera passer dans
une espèce animale dont les mœurs sont sociales et
policées : abeilles, je pense, ou guêpes, ou fourmis ;
ou encore, si c'est dans leur même forme d'hommes
qu'ils reviennent, ce sera encore à des gens de bonne
conduite qu'ils donneront naissance. — Vraisemblablement ! — Mais, en tout cas, le retour à la nature
des Dieux [41] est interdit à qui n'a pas pratiqué la
philosophie, à qui s'en est allé sans être intégralement pur ; *(c)* il n'est permis qu'à l'ami du savoir !

« Eh bien ! Simmias mon camarade et toi, Cébès,
voilà pour quels motifs ceux qui philosophent au
sens droit du terme s'abstiennent de tous les désirs,
sans exception, qui se rapportent au corps : en face
de ceux-ci, pleins de fermeté, ils refusent de se mettre
à leur discrétion ; à peu près exempts, en ce qui
concerne la perte de leur patrimoine et la pauvreté,
des frayeurs qu'éprouvent à cet égard les amis de
la richesse ; ne redoutant, d'autre part, pas davantage, comme il arrive aux amis du pouvoir, aux amis
des honneurs, l'exclusion des charges ni la déconsi-
dération qui résulte de la misère ; en conséquence
de quoi, ils s'abstiennent de ces désirs. — Cela,
Socrate, ne leur siérait pas, en effet ! dit Cébès. —

L'œuvre du philosophe

« Assurément! repartit Socrate ; cela, par Zeus!
ne leur siérait point. *(d)* Ainsi donc c'est certain, à
tous ces désirs sans exception, ils leur disent adieu,
Cébès, les hommes qui ont souci de l'âme qui est
la leur, qui ne passent pas, au contraire, leur existence à façonner leur corps! La route qu'ils suivent
n'est pas la même que celle des autres, car ceux-ci
ne savent pas où ils vont ; quant à eux, estimant
qu'on ne doit pas agir en opposition à la philosophie,
à ce qu'elle fait pour nous délier et nous purifier ;
c'est donc de ce côté-là qu'ils se tournent, suivant
la philosophie dans la voie où elle les guide. — Comment cela, Socrate ? — Je vais te le dire, répondit
Socrate. Voici une chose, en effet, continua-t-il,
que connaissent les amis du savoir : quand leur
âme est prise en main par la philosophie, *(e)* c'était
une âme tout bonnement enchaînée dans un corps
et collée à lui, forcée d'autre part de regarder les
réalités à travers lui comme à travers la grille d'une
prison, au lieu de les regarder, toute seule, à travers
elle-même, vautrée enfin dans une totale ignorance ;
ce qu'il y a en outre d'extraordinaire dans cette
grille, la philosophie s'en est rendu compte, c'est
qu'elle est constituée par le désir, en sorte que personne ne contribuerait autant que l'enchaîné lui-
même à faire qu'il soit enchaîné! *(a)* Oui, voilà ce
que je dis : c'est que les amis du savoir connaissent
la manière dont la philosophie, quand elle a pris en
main une âme dont telle est la condition, la sermonne
avec indulgence et entreprend de la délier : en lui
faisant voir toute l'illusion dont surabonde une

recherche qui se fait par le moyen des yeux, toute
l'illusion de celle qui a pour instruments les oreilles
et les autres sens ; en lui persuadant de s'en reculer
autant qu'elle n'est pas forcée d'y recourir ; en lui
recommandant de se recueillir et de se ramasser,
elle-même et par elle-même, de n'avoir confiance en
nul autre, sinon elle-même en elle-même, *(b)* quelle
que soit la réalité, réalité en soi et par soi, sur laquelle,
étant elle-même et par elle-même, elle porte sa
pensée ; quel que soit au contraire l'objet, autre en
d'autres conditions, qu'elle examine par d'autres
moyens qu'elle-même ; de n'y supposer l'existence
de rien qui soit vrai ; de considérer enfin qu'un tel
objet est sensible, qu'il est visible, tandis que ce
qu'elle voit, elle, c'est l'intelligible, l'invisible !

« Quand on la délie de la sorte, se persuadant
ainsi qu'elle ne doit pas opposer de résistance, l'âme
de l'homme qui est véritablement philosophe s'écarte
des plaisirs, comme des désirs, des peines, des frayeurs,
tout autant qu'elle le peut ; faisant réflexion sur le
cas où le plaisir est intense, ou la peine, ou la frayeur,
ou le désir ; sur tous les maux dont on peut imaginer
qu'ils en sont la conséquence (ainsi, tomber malade,
ou déterminer quelque perte, à cause des désirs),
(c) elle se dit qu'on n'en subit de ce fait aucun qui
soit comparable à celui qu'ils font subir : le plus
grand de tous, le mal suprême, celui pourtant auquel
on ne réfléchit point ! — Quel est ce mal, Socrate ?
dit Cébès. — C'est que, dans l'âme de tout homme,
vont nécessairement de pair l'intensité du plaisir
ou de la peine au sujet de ceci ou de cela, et la
croyance, touchant le principal de cette émotion,
qu'il est ce qu'il y a de plus évident et de plus vrai,
alors qu'il n'en est point ainsi. Or, ce sont là princi-

palement des visibles, n'est-ce pas ? — Hé! absolument. — Mais n'est-ce pas dans cet état principalement *(d)* que l'âme est enchaînée par son corps ? —
Et comment cela ? — En ce que chaque plaisir et
chaque peine, possédant une manière de clou, clouent
l'âme au corps, la fichent en lui, la rendent de nature
corporelle, prête à juger vrai cela même que dit le
corps. En effet cette disposition à se conformer à
celui-ci dans ses jugements et à se plaire aux mêmes
choses que lui, crée forcément, je crois, dans l'âme
une conformité de tendances, une conformité dans
sa formation et la rend incapable de jamais parvenir
chez Hadès en état de pureté, sortant au contraire
toujours du corps en état de souillure ; aussi retombe-
t-elle bientôt dans un autre corps, dans lequel, pour
ainsi dire, elle s'ensemence et s'enracine ; *(e)* d'où
il suit qu'elle est exclue du droit d'être associée à
l'existence de ce qui est divin, pur, unique en sa
forme. — Rien, dit Cébès, de plus vrai que ton langage, Socrate! — Voilà donc pour quelles raisons,
Cébès, ceux qui, à juste titre, sont amis du savoir
sont gens de bonne conduite et vaillants, non point
pour les raisons qu'allègue le vulgaire. Mais peut-
être es-tu de son avis! *(a)* — Moi ? pas du tout! —

« Ce n'est pas cela en effet! Mais voici, bien plutôt,
comment raisonnerait une âme de philosophe, se
refusant à penser que, l'office de la philosophie étant
de la délier et celle-ci la déliant en effet, ce serait
son office à elle de se livrer aux plaisirs et aux peines,
pour se remettre une fois de plus dans les chaînes ;
à faire le travail sans fin d'une Pénélope qui, sur une
certaine sorte de toile, ferait le travail inverse [42].
Tout au contraire, comme elle établit le calme sur
cette mer agitée en se laissant conduire par le rai-

sonnement et en se tenant toujours dans les limites
qu'il lui impose, en contemplant le vrai, le divin, ce
qui n'est point objet d'opinion et en faisant de cela
même son aliment, *(b)* elle pense, et que son devoir
est de vivre de la sorte aussi longtemps qu'elle vivra,
et que, lorsqu'elle aura cessé de vivre, une fois parvenue auprès de ce qui lui est apparenté et qui est
de sa nature, elle sera débarrassée des maux de la
condition humaine! En conséquence d'une semblable
formation et puisque c'est à cela qu'elle s'est employée,
il n'y a pas du tout à craindre qu'elle ait peur, Simmias et Cébès, de s'éparpiller au moment où elle se
séparera du corps, ni de se disperser et de s'envoler
au gré du vent qui souffle, bref, une fois partie, de
n'être plus rien nulle part! »

III. *Approfondissement du problème.*

Or, après ces paroles de Socrate, il se fit un silence
(c) qui se prolongea longtemps. En regardant
Socrate, on voyait bien qu'il avait, lui, l'esprit
occupé de ce qui s'était dit, et c'était aussi le cas de
la plupart d'entre nous. Cébès et Simmias, cependant,
se parlaient l'un à l'autre à voix basse. Socrate le
vit, et, s'adressant à tous deux : « Qu'est-ce que c'est ?
interrogea-t-il. Vous trouvez, n'est-ce pas, que ce
qui a été exposé l'a été de manière insuffisante ?
C'est vrai qu'il y subsiste encore nombre de motifs
à doutes ou à objections, pour peu qu'on veuille
soumettre le problème à une analyse appropriée.
Après tout, c'est peut-être autre chose que vous
considériez entre vous ; mettons alors que je n'aie
rien dit! Mais si c'est à propos de notre problème

que vous rencontrez des difficultés, alors n'hésitez pas un instant à prendre vous-mêmes la parole *(d)* et à exposer ce qu'à vos yeux il aurait, d'une manière ou d'une autre, mieux valu dire ; n'hésitez pas non plus à user aussi de moi en qualité de second, si vous pensez qu'avec mon concours vous ayez un peu plus de chances de vous tirer heureusement de vos difficultés ! — Eh bien ! oui, Socrate, répliqua Simmias, je vais te dire la vérité ! Voilà déjà assez longtemps que chacun de nous deux, conscient de nos difficultés, pousse l'autre en avant et l'invite à t'interroger. Mais, tandis que nous sommes mus par le désir de t'entendre, nous hésitons à t'importuner, de peur, en raison de la triste circonstance où tu te trouves, que nous ne te fassions du chagrin. »

Le chant du cygne.

En entendant cela, Socrate se mit à rire doucement : « Oh ! oh ! Simmias, dit-il, sans doute aurais-je bien de la peine à convaincre le reste des hommes *(e)* que je ne tiens pas pour triste circonstance mon sort actuel, alors que je ne puis même pas vous convaincre, vous ; mais qu'au contraire vous avez peur que je ne sois à présent dans une disposition d'esprit plus morose que dans le cours antérieur de ma vie ! C'est, à ce qu'il semble, que selon vous je ne vaux pas les cygnes pour la divination ; les cygnes qui, lorsqu'ils sentent qu'il leur faut mourir, au lieu de chanter comme auparavant, *(a)* chantent à ce moment davantage et avec plus de force, dans leur joie de s'en aller auprès du Dieu [43] dont justement ils sont les serviteurs. Or les hommes, à cause de

la crainte qu'ils ont de la mort, calomnient les cygnes,
prétendent qu'ils se lamentent sur leur mort et que
leur chant suprême a le chagrin pour cause ; sans
réfléchir que nul oiseau ne chante quand il a faim
ou froid ou qu'une autre souffrance le fait souffrir ;
pas même le rossignol, ni l'hirondelle, ni la huppe, eux
dont le chant, dit-on, est justement une lamentation
dont la cause est une douleur [44]. Pour moi cependant,
la chose est claire, ce n'est pas la douleur qui fait
chanter, ni ces oiseaux, ni les cygnes. Mais ceux-ci,
en leur qualité, je pense, *(b)* d'oiseaux d'Apollon,
ont le don de la divination et c'est la prescience des
biens qu'ils trouveront chez Hadès qui, ce jour-là,
les fait chanter et se réjouir plus qu'ils ne l'ont
jamais fait dans le temps qui a précédé. Et moi
aussi, je me considère comme partageant la servitude
des cygnes et comme consacré au même Dieu [45] ;
comme ne leur étant pas inférieur non plus pour le don
de divination que nous devons à notre Maître ;
comme n'étant pas enfin plus attristé qu'eux de
quitter la vie! Voilà, bien plutôt, les raisons pour
lesquelles vous devez tenir les propos, poser les questions qu'il vous plaira, tant que le permettront les
délégués du Peuple d'Athènes, les Onze. —

1. La conception de Simmias.

« Tu as raison, dit Simmias, et je vais t'expliquer
(c) quelles sont mes difficultés ; puis Cébès, à son
tour, t'expliquera en quoi il n'accepte pas ce qui
a été dit. Mon avis, vois-tu, Socrate, sur cette sorte
de questions, et sans doute est-ce aussi le tien, c'est
qu'une connaissance certaine en est, dans la vie présente, ou bien impossible, ou bien quelque chose de

tout à fait difficile ; et que, cependant, s'abstenir de
soumettre à un examen approfondi les théories qu'on a
soutenues à leur sujet, bref de lâcher pied avant de
s'être lassé à prendre la recherche sous toutes ses
faces, voilà le fait d'un homme sans aucune énergie !
En ces matières, en effet, on doit faire en sorte de
réaliser une au moins de ces trois choses : ou bien
apprendre d'un autre ce qui en est ; ou bien le trouver soi-même ; ou bien, s'il est impossible de faire
l'un ou l'autre, mettre du moins la main sur celle
de nos conceptions humaines qui vaut le mieux *(d)*
et qu'il est le plus difficile de réfuter ; se risquer, en
se laissant porter par elle, à faire la traversée de
la vie sur cette même manière de radeau, faute de pouvoir
faire route, avec plus de sécurité et moins de risques,
sur quelque instrument plus stable de transport :
autrement dit une révélation divine. Il s'ensuit
naturellement que, à cette heure, je ne me ferai
point scrupule, quant à moi, de te questionner,
puisque c'est toi-même qui me dis de le faire, et,
dans l'avenir, je n'aurai pas non plus à me reprocher
à moi-même de ne pas t'avoir dit, à présent, quelle
est mon opinion. Oui, Socrate, j'en conviens, ce qui
a été dit, quand j'en fais l'examen, tant en me consultant moi-même qu'en consultant celui-ci, je ne trouve
pas du tout que l'exposé en ait été satisfaisant. »
(e) Alors Socrate : « Il est fort possible en effet, dit-
il, que tu aies raison de le trouver ! Dis-moi cependant en quoi précisément tu n'as pas été satisfait. —

« En ce que, dit-il, au sujet d'une harmonie [46] et
d'une lyre avec ses cordes, on pourrait tenir précisément ce même langage. L'harmonie, dirait-on,
est, dans la lyre une fois qu'elle a été accordée,
quelque chose d'invisible, d'incorporel, d'absolu-

ment beau, de divin ; *(a)* la lyre elle-même, d'autre
part, et ses cordes, ce sont des corps, des choses
corporelles, composées, terreuses, apparentées à la
nature mortelle. Eh bien! supposons qu'on vienne
à briser la lyre, ou bien à en couper les cordes et à
les mettre en menus morceaux, et que, alors, en
vertu d'un raisonnement tout pareil au tien, on
veuille à toute force que subsiste encore l'harmonie
en question et qu'elle n'ait point péri : on allèguerait
en effet qu'il n'y a aucun moyen de subsister, ni
pour la lyre une fois les cordes mises en morceaux,
ni pour les cordes, puisqu'elles sont d'espèce mortelle, tandis que périrait l'harmonie, elle qui est de
même nature que le Divin *(b)* et qui lui est apparentée, la première même à périr avant ce qui est
mortel! Tout au contraire, dirait-on, il est forcé que
l'harmonie subsiste encore quelque part indépen-
damment, et que le bois comme les cordes doivent
tomber en pourriture avant qu'il lui soit, à elle,
arrivé quelque chose! Aussi bien en effet, tu as, toi-
même aussi [47], j'en suis quant à moi persuadé, eu
dans l'esprit cette pensée, que nous nous faisons de
la nature essentielle de l'âme une conception analogue : étant donné que notre corps est en quelque
sorte intérieurement tendu et maintenu par le chaud
et le froid, le sec et l'humide et par des oppositions
du même genre, c'est la combinaison et l'harmonie
de ces opposés mêmes qui constitue notre âme, *(c)*
quand la combinaison mutuelle s'en est opérée dans
de bonnes conditions et selon la juste mesure. Ainsi
donc, supposé que justement l'âme soit une harmonie,
il est clair que, lorsque notre corps aura été, sans
mesure, ou relâché ou tendu par les maladies et par
d'autres maux, il y a aussitôt nécessité, et que l'âme

périsse bien qu'elle soit très divine, comme périssent aussi les autres harmonies, qu'elles se réalisent dans des sons, ou bien dans les œuvres de l'art en général ; et que, d'autre part, les restes du corps de chacun de nous résistent longtemps, *(d)* jusqu'au jour où le feu ou la pourriture les aura détruits. En somme, vois ce que nous dirons contre cet argument, dans le cas où l'on estimerait que l'âme, étant la combinaison des opposés corporels, est la première à périr dans ce qu'on appelle la mort. »

Socrate alors regarda fixement, ainsi qu'il avait souvent coutume de le faire, et, avec un sourire : « Ce sont assurément, fit-il, des choses justes que dit Simmias! Et, s'il y en a un parmi vous qui soit à cet égard moins en peine que moi de lui répondre, pourquoi ne l'a-t-il pas fait? Il est certain que ce n'est pas un médiocre coup, dont il a atteint l'argument! Mon avis est pourtant qu'il faut, *(e)* avant de répondre, avoir encore entendu Cébès nous dire ce que, de son côté, il reproche à l'argument, afin que le temps qui se sera passé nous ait permis de délibérer sur ce que nous dirons ; mais, après que nous les aurons entendus, ou bien nous nous mettrons d'accord avec eux s'ils ont, à notre avis, chanté bien dans le ton ; sinon, c'est qu'ainsi le bon droit de l'argument aura été établi. Eh bien! conclut-il, vas-y, Cébès! dis-nous ce qu'il y a qui, pour ton compte, te tracasse. —

2. *La conception de Cébès.*

« Donc je parle! dit Cébès. Il est en fait évident pour moi que l'argumentation en est toujours au

même point, et c'est précisément au même reproche
que nous lui adressions précédemment qu'il est
encore exposé : *(a)* qu'en effet notre âme existât
avant même qu'elle fût entrée dans son apparence
actuelle, je ne retire pas que la thèse m'agrée tout
à fait et que, si la déclaration n'en est pas impor-
tune, on l'a suffisamment prouvé. Mais qu'après
notre mort, notre âme existe encore, je n'en suis pas
d'avis. Que, à la vérité, l'âme ne soit pas chose plus
résistante et plus durable que le corps, voilà ce que
je ne concède pas à l'objection de Simmias, car, selon
moi, elle l'emporte de beaucoup sous tous ces rapports : d'où vient alors, pourrait protester l'argument,
que tu doutes encore, puisque tu constates qu'après
la mort de l'homme subsiste encore ce qui est réellement le plus fragile ? *(b)* pendant ce temps-là, n'y
a-t-il pas, selon toi, nécessité que soit encore sauve-
gardé ce qui est le plus durable ? Eh bien! par rapport à ce que je viens de dire et pour voir ce que
cela vaut, envisage le cas que voici. Car moi aussi,
comme Simmias, j'ai besoin, semble-t-il bien, d'une
image. A mon sens, on parle, en effet, comme ferait
un quidam, tenant, après la mort d'un vieux tisserand, le langage que voici : « Non! le bonhomme n'est
pas anéanti ; quelque part au contraire il subsiste
en bon état de conservation! » Et, pour le prouver,
en produisant le vêtement dont celui-ci s'envelop-
pait l'ayant lui-même tissé, il ferait valoir que ce
vêtement est en bon état de conservation et qu'il
n'a pas été anéanti. Supposons maintenant qu'on
n'en croie rien et qu'on pose cette question : *(c)*
« Lequel, en son genre, est le plus durable des deux ?
l'homme, ou bien le vêtement qui est en usage, qu'il
porte sur lui ? » Alors, la réponse ayant été que de

beaucoup c'est l'homme, notre quidam croirait avoir prouvé, avec une évidence supérieure, que l'homme, lui, subsiste en bon état de conservation, puisque n'a pas été anéanti ce qui est justement le moins durable!

« Or, Simmias, il n'en est point ainsi, je crois ; car je t'invite, toi aussi, à examiner ce que moi j'avance ; pour ce qui est en effet de la naïveté du langage tenu par celui qui parlerait comme j'ai dit, tout le monde en aurait conscience! En fait, mon tisserand, après avoir usé et tissé nombre de semblables vêtements, est mort postérieurement à la multitude en question, *(d)* mais antérieurement, je pense, au dernier d'entre eux ; et il n'y a pas du tout là de raison prépondérante pour que l'homme soit chose de moindre valeur que le vêtement et pas qu'il soit plus fragile que lui! Or, cette même image serait, je crois, recevable pour l'âme, dans sa relation au corps ; et, en tenant à leur sujet le langage même que voici, il me paraît que l'on tiendrait le langage qui convient : l'âme dirait-on, est chose ayant longue durée, tandis que le corps est chose plus fragile et de plus courte durée ; mais c'est un fait que de chacune des âmes on pourrait alléguer qu'elle use un grand nombre de corps, principalement quand on vit beaucoup d'années ; si en effet le corps est un courant et qu'il passe pendant que l'homme est encore en vie, *(e)* l'âme au contraire ne cesse de retisser ce qui s'est usé ; il serait néanmoins forcé que l'âme, le jour où elle passerait, se trouvât avoir sur elle le dernier vêtement tissé par elle et qu'il fût le seul antérieurement auquel elle périrait ; mais, une fois que l'âme aurait péri, c'est alors que, dorénavant, le corps manifesterait l'essence de la fragilité : il ne tarderait pas à se putréfier et à disparaître tout à fait.

« La conséquence, c'est que, l'argument en cause n'obtenant pas notre créance, il n'est pas légitime de se donner l'assurance qu'après notre mort notre âme sera encore quelque part. *(a)* Supposons en effet que, à celui qui tient ce langage, quelqu'un fasse des concessions plus larges encore que tu ne fais, qu'il ne se contente pas de lui accorder que c'est dans le temps antérieur à notre naissance que nos âmes ont existé, mais que rien n'empêche, même après la mort, celles de quelques-uns d'exister encore, d'avoir une existence future, d'être maintes fois destinées à naître et à mourir de nouveau. De la sorte en effet, c'est une chose assez résistante de sa nature pour pouvoir être une âme à multiples renaissances. Mais, après avoir accordé cela, il se refuserait à faire cette nouvelle concession, que, dans ces multiples naissances, l'âme n'épuise pas ses forces et qu'elle ne finisse, dans une de ces morts au moins, par périr radicalement. *(b)* Or, cette mort et cette dissolution du corps, qui doivent porter à l'âme sa perte, personne, dirait-il, n'en a connaissance, car il est impossible à qui que ce soit d'entre nous d'en percevoir le caractère. Mais, s'il en est ainsi, il n'appartient à personne de faire que son assurance en face de la mort ne soit pas une assurance déraisonnable ; à moins qu'il ne soit à même de prouver que l'âme est chose totalement immortelle et indestructible! Faute de quoi, celui qui va mourir doit forcément toujours craindre pour son âme, que, dans le moment où elle se disjoint de son corps, elle ne périsse radicalement. »

IV. *Réflexions préparatoires à une reprise du débat.*

Nous tous, cependant, après les avoir entendus parler, *(c)* nous nous sentions de mauvaise humeur (c'est une confidence que nous échangeâmes plus tard), d'avoir été, après que l'argumentation antérieure avait déterminé chez nous une forte conviction, replongés par eux, nous semblait-il, dans un trouble extrême et précipités dans une défiance qui ne s'étendait pas seulement aux propos qui s'étaient tenus auparavant, mais encore à ceux qui allaient être tenus par la suite ; avec la crainte, et que nous ne fussions bons juges de rien, ou qu'en outre le problème lui-même ne fût rempli de pièges!

Éch. : Par tous les Dieux, Phédon! je ne puis que vous pardonner ; car moi-même, qui viens maintenant de t'écouter, je sens me monter aux lèvres des paroles telles que celles-ci : « A quel raisonnement enfin nous fierons-nous donc encore, puisque en effet le raisonnement de Socrate, si fortement persuasif fût-il, vient de s'abîmer dans le doute! » C'est qu'en effet elle a sur mon esprit, maintenant comme toujours, un merveilleux empire, cette théorie d'après laquelle notre âme est une harmonie. L'exposé qui en a été fait m'a rappelé que j'en étais autrefois le partisan, et voici que, de même, j'ai grand besoin, de nouveau comme au début, qu'un autre argument vienne me convaincre que notre mort ne s'accompagne pas de la mort de notre âme. Au nom de Zeus, dis-nous donc de quelle manière Socrate a poursuivi sa thèse! *(e)* dis-nous s'il manifestait, lui aussi, le découragement dont tu me parles en ce qui vous concerne, ou bien si, au lieu de cela, il ne se portait

pas plutôt, avec calme, au secours de sa thèse! dis-
nous enfin si ce secours fut approprié ou s'il s'en
manqua! Raconte-nous tout en détail, le plus exactement que tu le peux.

Ph. : Maintes fois, assurément, Socrate a fait
mon étonnement, Échécrate; jamais je ne l'ai
admiré davantage qu'à ce moment passé près de
lui. *(a)* Qu'un pareil homme ait été capable de
savoir que répondre, peut-être après tout n'y a-t-il
rien là d'extraordinaire. Mais ce qui, de sa part,
fit alors surtout mon étonnement, c'est d'abord
l'amabilité, la bienveillance, l'admiration avec
lesquelles il accueillit les propos de ces jeunes
hommes; ensuite, la pénétration avec laquelle il
se rendit compte de l'impression faite sur nous par
ces propos; enfin l'art avec lequel il sut nous guérir;
nous rappeler en avant, alors que nous étions comme
en déroute et sous le coup de la défaite; nous obliger
à faire demi-tour pour reprendre, à sa suite et avec
lui, l'examen du problème!

Éch. : Et comment cela?

Ph. : C'est ce que je vais te raconter.

Je me trouvais alors à sa droite, assis contre le
lit *(b)* sur un tabouret, et lui, beaucoup plus haut
que moi, me caressant donc la tête et pressant entre
ses doigts mes cheveux, que j'avais sur le cou :
c'était en effet son habitude de me plaisanter, à
l'occasion, sur ma chevelure [48]. « C'est donc demain,
Phédon, me dit-il, que tu vas sans doute tondre
cette belle chevelure [49]! — Vraisemblablement,
Socrate! répondis-je. — Non pas! au moins si tu
m'en crois. — Mais pourquoi? répliquai-je. — Parce
que c'est aujourd'hui même, dit-il, qu'il faut le
faire : moi aussi pour la mienne et toi pour celle-ci,

s'il est vrai que notre argument soit défunt et que
nous soyons incapables de le faire revivre! *(c)* Pour
ma part, si j'étais que de toi, et si l'argument m'échap-
pait de la sorte, je ferais le **même** serment que les
Argiens [50] : celui de ne plus porter les cheveux longs
avant d'avoir, en reprenant le combat, triomphé
de l'argumentation de Simmias, comme de celle de
Cébès! — Mais, repartis-je, contre deux, dit la
légende [51], Héraclès lui-**même** n'est pas de force! —
Eh bien! dit-il, en ma personne, pendant qu'il fait
jour encore, appelle Iolaos à ton aide! — Or donc,
répliquai-je, je t'appelle à mon aide : non que je
représente Héraclès, mais plutôt Iolaos, invoquant
le secours d'Héraclès! —

La « misologie ».

« Ce sera, dit-il, tout à fait indifférent! Mais
commençons par nous mettre en garde contre un
accident dont il nous faut éviter d'être victimes...
— Quel accident? demandai-je. — C'est, dit-il, de
devenir *(d)* des " misologues [52] ", comme il arrive
à certains de devenir des misanthropes ; attendu,
ajouta-t-il, qu'il n'est pire mal que celui-là dont on
puisse être victime, pire mal que d'avoir pris en
haine les raisonnements. Or, c'est du **même** tour
d'esprit que procèdent " misologie " et misanthropie. Si en effet la misanthropie s'insinue en nous,
c'est parce que nous avons mis en quelqu'un une
entière confiance, sans avoir de compétence à son
sujet ; parce que, après l'avoir tenu pour un homme
en tout point franc, sain, loyal, on ne tarde pas beaucoup à découvrir ensuite que cet homme est aussi

pervers que déloyal, puis qu'une fois encore c'est
encore un autre homme! Quand, à plusieurs reprises,
on a fait cette expérience, et principalement du fait
de ceux que l'on tenait pour ses plus intimes et pour
ses amis les meilleurs, *(e)* on finit évidemment, après
avoir subi le choc de tant de déceptions successives,
par prendre en haine tous les hommes, par estimer
que, sans aucune réserve, il n'y a en eux rien de
rien qui soit sain! Est-ce que tu ne t'es pas encore
aperçu que c'est ce qui arrive? — Hé! fis-je, absolument. — Mais, reprit-il, n'est-il pas vilain de procéder ainsi? et n'est-il pas clair que l'individu ainsi
fait entreprenait d'user des hommes sans posséder
de compétence au sujet des choses humaines? Si en
effet, je suppose, il en avait usé, étant compétent
quant à la façon dont se comportent ces choses,
dans ces conditions il estimerait que, bons ou méchants, *(a)* ceux qui le sont tout à fait sont en petit
nombre, les uns comme les autres, tandis que la
majorité, ce sont ceux qui sont dans la moyenne. —
Comment l'entends-tu? demandai-je. — Comme
s'il était question d'hommes tout à fait petits ou
tout à fait grands. Y a-t-il, à ton avis, une chose plus
rare à découvrir, que du tout à fait grand ou du tout
à fait petit : homme, chien ou n'importe quoi d'autre?
ou bien encore du tout à fait rapide ou lent, du tout
à fait laid ou beau, blanc ou noir? N'as-tu point
observé que dans toutes les qualités du même genre
les points culminants des extrêmes opposés sont
rares et peu nombreux, tandis que les termes moyens
ne manquent pas et surabondent? — Hé! absolument, répondis-je. — Tu penses donc, reprit-il, *(b)*
que, si l'on instituait un concours de méchanceté,
bien peu nombreux seraient, même là, les hommes

de premier ordre ? — C'est, dis-je, au moins vraisemblable. —

« Vraisemblable en effet! reprit-il. Ce n'est pas
toutefois sur ce point qu'il y a ressemblance entre
les raisonnements et les hommes ; mais tu me condui-
sais et je t'ai suivi! C'est plutôt sur le point que
voici : quand on a donné sa confiance à la vérité
d'un raisonnement sans avoir de compétence en ce
qui concerne les raisonnements et que, par la suite,
on juge un peu plus tard que ce raisonnement est
faux ; ce que parfois il est et parfois il n'est pas ;
autre et autre une fois de plus! Ce sont, évidemment,
surtout ceux dont tout le temps se passe à contro-
verser *(c)* qui, tu ne l'ignores pas, finissent par
croire qu'ils sont devenus très savants et que, seuls,
ils se sont rendu compte que, ni dans les choses,
ni dans les raisonnements, il n'y a rien de rien qui
soit sain et pas davantage stable ; que tout bonnement, au contraire, les êtres sont tous dans une
sorte d'Euripe, dans un courant qui les tourne et
retourne, tantôt montant, tantôt descendant, et qui
ne leur laisse en aucun point aucun moment de
repos [53]! — Mais oui, fis-je, ce que tu dis est tout
à fait vrai! — Or, ne serait-ce pas, Phédon, un accident pitoyable, dit-il, si justement il existe un raisonnement qui soit vrai, qui soit stable, et dont
on puisse se rendre compte qu'il est tel, que dans
la suite, *(d)* parce qu'à côté on en rencontre certains
qui sont de telle sorte que, restant les mêmes, ils
sont tantôt jugés vrais et tantôt non ; que, dis-je,
on ne s'incriminât pas soi-même et, non plus, sa
propre incompétence ? que finalement, au contraire,
parce qu'on en souffre, on se fît une joie de reporter
sur les raisonnements la responsabilité de la faute,

en la détournant de soi-même ? que désormais on
passât à haïr, à outrager le raisonnement, le reste
de son existence et que, d'autre part, on se fût ainsi
privé de posséder, touchant la réalité, une connaissance véritable ? — Oui, par Zeus! m'écriai-je, ce
serait un accident pitoyable! —

« Donc, reprit-il, c'est contre cet accident-là, qu'il
faut commencer par nous mettre en garde, et éviter
de donner accès *(e)* dans notre âme à cette idée que
dans les raisonnements il y a chance qu'il n'y ait
rien de sain ; mais, bien plutôt, à cette autre idée
que c'est nous qui ne nous comportons pas encore
sainement, que c'est à nous plutôt d'être des hommes
et de mettre tout notre zèle à nous comporter sainement : toi donc, comme les autres, en vue même de
la suite de votre vie ; mais moi, en vue justement
de la mort, *(a)* songeant au risque que, pour ma
part, je cours dans le moment présent de me comporter, par rapport à elle justement, non pas en homme
qui aime la sagesse, mais, à la façon des gens radicalement dénués de culture, en homme qui aime à
avoir le dessus [54]! Ces gens-là en effet, quand ils
disputent sur quelque question, ne se soucient pas
de savoir ce qu'il en est réellement quant à l'objet
du débat ; mais ce à quoi va tout leur zèle, c'est à
faire en sorte que leurs thèses personnelles soient
adoptées par les assistants. Et à l'heure présente,
toute la différence selon moi, et la seule qui doive
me séparer de ces gens, c'est en effet que, moi, je
ne mettrai pas, sinon par surcroît, mon zèle à faire
en sorte que mon langage donne aux assistants
l'impression d'être vrai, mais à faire en sorte que,
à moi-même, il me donne au plus haut point l'impression qu'il en est bien comme je le dis. *(b)* Voici en

effet, cher camarade, comment je calcule, et vois quelle est ma cupidité! Que mon langage se trouve être vrai? c'est une excellente affaire assurément de m'en être convaincu; qu'au contraire il n'y ait rien pour celui qui trépasse? alors du moins, pendant le temps qui justement précède ma mort j'aurai épargné aux assistants l'importunité de mes lamentations. Mais c'est un problème [55] auquel je n'aurai pas longtemps à réfléchir, ce qui serait fâcheux en effet, la solution ne tardera pas beaucoup à venir!

Reprise du débat.

« C'est, ainsi préparé, ajouta-t-il, que je marche à la question, Simmias et Cébès. Quant à vous, de Socrate, si m'en croyez, *(c)* ne vous occupez guère, mais de la vérité, bien davantage! Ce qu'à votre avis je puis dire de vrai, mettons-nous donc ensemble d'accord là-dessus; mais, s'il n'en est pas ainsi, tendez contre moi toutes les forces de votre argumentation; en prenant garde que l'ardeur de mon zèle ne nous abuse en même temps, vous et moi, et que, telle l'abeille, je ne m'en aille, laissant en vous l'aiguillon! Eh bien! dit-il, en marche! Vous allez commencer par me remémorer ce que vous disiez, dans le cas où vous verriez que je ne m'en souviens pas. Ce dont Simmias doute et ce qu'il craint, c'est, à ce que je crois, que l'âme, tout en étant quelque chose de plus divin et de plus beau que le corps, *(d)* ne périsse néanmoins avant lui : attendu que sa nature est d'être une harmonie. De son côté, Cébès m'a fait, je crois bien, cette concession, que l'âme a du moins beaucoup plus de durée

que le corps ; mais il ajoute que, pour chacun de
nous, c'est un mystère si, après avoir nombre de fois
usé nombre de corps, l'âme ne périt pas elle-même
dans le temps où elle quitte le dernier d'entre eux,
et si ce n'est pas cela, la mort : un anéantissement
de l'âme, puisque le corps du moins, jamais, ne
s'interrompt en rien de périr. Y a-t-il, Simmias et
Cébès, d'autres points que ceux-là, que nous ayons
à examiner ? » Ils accordèrent tous deux que c'étaient
bien ceux-là. *(e)* « Mais est-ce la totalité des arguments précédents que vous refusez d'accepter ? ou
bien les uns, mais non les autres ? — Les uns, répon-
dirent-ils tous deux, mais non les autres ! — S'il
en est ainsi, que pensez-vous de cet argument,
d'après lequel, disions-nous, l'instruction est une
remémoration ? et que, de cette façon, forcément
notre âme existe ailleurs *(a)* avant d'avoir été
enchaînée dans un corps ? — Pour ce qui est de moi,
dit Cébès, c'est merveille à quel point, jadis je fus
convaincu par cet argument, et à présent, il n'y en
a pas auquel je sois plus fidèle ! — Mon sentiment,
bien sûr, ajouta Simmias, est aussi le même, et je
serais bien étonné, à son sujet du moins, de jamais
penser autrement ! »

1. Examen de la conception de Simmias.

Alors Socrate : « Il est forcé pourtant, dit-il, que
tu penses autrement. Étranger de Thèbes, si toutefois persiste en ton esprit cette idée, et qu'une harmonie est chose composée, et, d'autre part, que l'âme
est une certaine harmonie, dont la tension des éléments corporels constitue la composition. Car, même

venant de toi, *(b)* tu n'accepteras pas que la composition d'une harmonie ait pu se faire antérieurement à l'existence des éléments dont elle devait être composée! Accepteras-tu cela? — Pas du tout, Socrate! dit-il. — Mais, poursuivit Socrate, ne te rends-tu donc pas compte qu'à une telle assertion tu es fatalement conduit, en disant, d'une part, que l'âme existe avant d'être parvenue dans une forme, dans un corps d'homme, et, d'autre part, qu'elle est composée avec des éléments qui n'existent pas encore! À coup sûr, en effet, l'harmonie n'a pas les caractères qu'exige ta comparaison : tout au contraire, ce qui se produit en premier, c'est la lyre, ce sont les cordes, ce sont les sons, qui ne constituent pas encore une harmonie ; *(c)* mais c'est en dernier que l'harmonie se forme de tous ces sons, et c'est en premier qu'elle périt. Comment feras-tu, cela étant, chanter ce langage en accord avec celui que tu tenais tout à l'heure[56]? — Impossible absolument! dit Simmias. — Et vraiment, s'il est un langage auquel il convienne d'être concertant, c'est bien celui qui a trait à l'harmonie! — C'est en effet ce qui lui convient! dit Simmias. — C'est donc, repartit Socrate, que ton langage d'harmonie, tu ne le fais pas chanter d'accord! Vois cependant lequel de ces langages tu choisis : ou bien de dire que l'instruction est remémoration? ou bien que l'âme est une harmonie? — De beaucoup le premier, Socrate! dit-il ; car celui-ci s'est présenté à mon esprit sans l'accompagnement d'une preuve, mais avec celui d'une vraisemblance spécieuse ; *(d)* ce qui est aussi la source des opinions de la foule. Or, les conceptions qui fondent leurs preuves sur les vraisemblances, j'ai conscience, moi, qu'elles sont

du charlatanisme et que, si l'on ne s'en met pas en
garde, elles réussissent supérieurement à nous faire
illusion, en géométrie aussi bien que partout ailleurs.
Tel n'est pas le cas pour la théorie qui concerne la
remémoration-instruction, laquelle se fonde sur un
principe digne d'être accepté : il y a en effet, c'est
à peu près ce qu'on a dit, une analogie entre le mode
d'existence de nos âmes, avant même qu'elles fussent parvenues dans un corps, et la réalité qui appartient en propre à l'âme et qui porte la dénomination
de « réalité essentielle ». *(e)* Or ce principe, ainsi
que je m'en convaincs moi-même, j'ai eu toute
raison et bon droit de l'accepter. En conséquence,
ces motifs me forcent, semble-t-il bien, de n'accepter, ni de moi-même, ni d'un autre, que l'on dise
de l'âme que c'est une harmonie. —

« Mais, dis-moi, Simmias, reprit-il, es-tu d'avis
qu'à cette harmonie, ou à toute autre composition,
il convienne de se comporter en rien autrement *(a)*
que ne se comportent éventuellement les éléments
mêmes dont elle est constituée ? — Aucunement !
— Et pas davantage, à ce que je crois, d'exercer
quelque action, ni non plus d'en subir une, qui diffè-
rent et soient en dehors des actions que peuvent exercer ou subir les éléments dont il s'agit ? » Simmias fut
du même avis. « Ainsi donc, il ne convient pas bien
à une harmonie de diriger les éléments dont elle
est composée, mais plutôt de les suivre. » Nouvel
assentiment. « Il s'en faut donc de beaucoup qu'une
harmonie puisse comporter des mouvements ou
des sons qui s'opposent à ceux de ses propres parties
constituantes, ou comporter aucune autre sorte
d'opposition. — Il s'en faut de beaucoup, assurément !
dit-il. — Mais encore quoi ? est-ce que chaque harmo-

nie n'est pas, de nature, l'harmonie qui répond à l'harmonisation qui a été effectuée ? — Je ne comprends pas, dit-il. — N'est-il pas vrai, reprit Socrate, que, dans le cas où l'harmonisation aurait été plus complète et réalisée sur une plus grande échelle *(b)* (à supposer que cela puisse avoir lieu), plus complète et plus étendue serait aussi l'harmonie ? que si, d'autre part, c'était moins complètement et sur une moins grande échelle, l'harmonie serait moins complète et moins étendue ? — Hé ! absolument. —

« Mais cela s'applique-t-il au cas de l'âme ? en telle sorte que, si peu que ce soit, une âme puisse être âme avec plus d'étendue et plus complètement qu'une autre ? ou bien être, avec moins d'étendue et moins complètement, cela même, je veux dire une âme ? — Non, dit-il, pas le moins du monde ! — Alors, par Zeus ! repartit Socrate, poursuivons donc ! Ne dit-on pas d'une âme, tantôt qu'elle est raisonnable, vertueuse, bref qu'elle est bonne, et tantôt qu'elle est déraisonnable, perverse, bref qu'elle est mauvaise ? Et c'est avec vérité *(c)* qu'on dit cela ? — Avec vérité, assurément ! Or, comment un partisan de l'âme-harmonie définira-t-il donc quelle existence possèdent, dans les âmes, la vertu comme le vice ? Dira-t-il que c'est là une autre harmonie encore, et une autre désharmonie ? que l'une a été harmonisée, la bonne, c'est-à-dire qu'en elle-même, et étant harmonie, elle possède une seconde harmonie ; tandis que celle à qui fait défaut l'harmonisation, à la fois est, en tant qu'âme, une harmonie et n'en possède pas en soi une seconde ? — Pour ma part, dit Simmias, je ne suis pas à même de répondre ; mais ce seraient évidemment des choses de ce genre que dirait le sectateur de cette doctrine. — Un accord antérieur ne s'est-il pas établi cependant entre nous, dit Socrate, *(d)* qu'une âme n'est en rien plus âme, pas davantage moins âme, qu'une autre âme? et la matière de cet accord n'était-elle pas qu'une harmonie n'est en rien plus complète, ou moins complète, pas davantage plus étendue ou moins étendue, qu'une autre harmonie? N'est-ce pas cela en effet? — Hé! absolument. — Et, en tout cas, que, n'étant en rien plus complètement ou moins complètement harmonie, il n'y a eu ni plus complète, ni moins complète harmonisation? Est-ce exact? — C'est exact. — Or, cette harmonie, résultat d'une harmonisation qui n'est ni plus complète, ni moins complète, est-il possible qu'elle participe de l'harmonie à un plus haut ou à un plus bas degré? ou bien est-ce dans une égale mesure? — Dans une égale mesure. — Donc, l'âme, puisqu'une telle n'est en rien plus complètement ou moins complètement que telle autre ceci précisément, *(e)* savoir une âme, n'a pas, par suite, reçu non plus d'harmonisation plus complète ou moins complète! — C'est exact! — Mais du moins, si telle est sa condition, est-il possible pour elle de participer en rien plus abondamment à l'harmonie, pas plus qu'à la désharmonie? — Non, en effet! — Mais, encore une fois, si telle est sa condition, sera-t-il possible qu'une âme participe en rien plus abondamment qu'une autre au vice et à la vertu, s'il est vrai toutefois que le vice soit une désharmonie et la vertu, une harmonie? — Pas du tout plus abondamment! — Il y a plus, en vérité, je pense : à raisonner correctement, *(a)* aucune âme, Simmias, n'aura part au vice, s'il est vrai que l'âme soit une harmonie! Car, sans nul doute, l'harmonie étant cela même, savoir

une harmonie, jamais elle ne saurait participer de
la désharmonie... — Non, bien sûr! — Ni, sans nul
doute, l'âme étant intégralement une âme, elle ne
saurait davantage participer du vice! — Comment
en effet cela se pourrait-il, au moins d'après ce qui
a été dit auparavant! — En conséquence, et d'après
ce raisonnement, seront bonnes à nos yeux les âmes
semblablement de tous les vivants, s'il est vrai que
ce soit semblablement la nature des âmes d'être
cela même, savoir des âmes. — C'est aussi mon avis,
Socrate! dit-il. — Est-ce aussi ton avis, repartit
ce dernier, que ce soit bien parler? et que c'eût été
là le sort du raisonnement, si le principe en avait
été juste, savoir que l'âme est une harmonie? —
Non, dit-il, ce n'est pas le moins du monde mon
avis! —

« Dis-moi encore ceci, reprit Socrate : y a-t-il une
autre chose, entre toutes celles qui existent dans
l'homme, de laquelle tu dises qu'elle a l'autorité,
si ce n'est l'âme, et tout particulièrement celle qui
est sage? — Aucune autre chose, à mon sens! —
Est-ce en faisant des concessions aux affections
corporelles? ou bien en s'y opposant? Voici ce que
je veux dire. On est, par exemple, brûlant de fièvre,
on a soif, cette âme nous tire en sens contraire :
ne pas boire ; ou, si l'on souffre de la faim, dans le
sens d'une abstention de nourriture ; sans parler
de mille autres cas où nous voyons, je pense, *(b)*
l'âme s'opposant à ces affections corporelles [57].
N'est-il pas vrai? — Hé oui! absolument. — Mais
est-ce que, dans ce qui précède, nous ne sommes
pas, d'un autre côté, accordés sur ce point, que
jamais l'âme, à titre au moins d'harmonie, ne doit
chanter à l'opposé des tensions, relâchements, vibra-

tions et tous autres états affectant ces éléments
dont précisément elle est constituée, mais plutôt les
suivre et ne jamais être en cas de leur donner une
direction? — Nous en avons été d'accord, dit-il ;
comment le nier en effet? — Alors quoi? Maintenant, n'est-ce pas tout le contraire que nous la
voyons occupée à faire? donnant une direction à
tous ces termes qui, dit-on, la constituent, leur
faisant opposition en tout, ou peu s'en faut, *(c)*
durant la vie entière ; faisant de toutes façons office
de maître ; imposant aux uns une correction plus
rude et non sans douleur comme celles de la gymnastique et de la médecine ; aux autres, une plus clémente, tantôt menaçant, tantôt semonçant ; tenant
aux désirs, aux colères, aux craintes un langage qui
est celui dont on use envers une chose qui n'est pas
de votre espèce? Ainsi que, par exemple, Homère
a peint la chose dans *L' Odyssée* [58], quand il fait
dire à Ulysse : *Se frappant la poitrine, il gourman-
dait son cœur en ces termes: " Supporte, mon cœur!
c'est pire chiennerie* (d) *que tu eus à supporter... "*
Est-ce qu'à ton avis, en peignant ainsi l'âme du
héros, il l'a conçue comme une harmonie, et comme
de nature à être menée par les états du corps? et
non pas plutôt de nature à les conduire, à faire
envers eux office de maître? bref comme étant une
chose bien trop divine pour être comparée à une
harmonie? — Par Zeus! Socrate, c'est bien mon
avis. — Donc, excellent homme, d'aucune manière
cela ne nous va bien, de dire que l'âme est une espèce
d'harmonie ; car ainsi, semble-t-il bien, *(a)* nous
ne serions d'accord ni avec Homère, divin poète,
ni avec nous-mêmes. — C'est entendu! dit-il. —

2. *Discussion de la conception de Cébès.*

« Poursuivons donc! reprit Socrate. A présent
que nous avons acquis en quelque façon les bonnes
grâces d'Harmonie, de la déesse de Thèbes, et cela,
comme de juste, avec mesure, comment et par
quel langage gagnerons-nous désormais celle de
Cadmos [59]? — Ce langage, dit Cébès, ᴎ est avis
que tu sauras bien le découvrir! En tout cas, ton
argumentation contre l'harmonie a fait mon admiration par tout ce qu'elle avait pour moi d'inattendu ;
car, pendant que Simmias exposait ses anciennes
difficultés, ma surprise était grande, qu'il pût se
trouver jamais quelqu'un pour s'accommoder de
son objection *(b)*! De sorte que j'ai trouvé tout à
fait déconcertant que, tout de suite, il ait été incapable de supporter le premier assaut de ton argument! Aussi ne serais-je pas surpris que le même
sort fût réservé à la thèse de Cadmos! — Pas tant
de présomption, mon bon! dit Socrate ; de peur
qu'un mauvais sort ne fasse tourner bride à notre
argument, sur le point de venir au jour! Mais, bien
sûr, si cela doit être l'affaire de la Divinité, la nôtre
sera, nous serrant de près pour parler à la façon
d'Homère, d'éprouver ce que peut bien valoir ta
conception!

« Or, voici quel est en somme l'objet essentiel
de ta requête : tu estimes qu'on doit avoir prouvé
de notre âme qu'elle est impérissable, *(c)* qu'elle
est immortelle, si l'on veut que le philosophe, sur
le point de mourir, confiant dans la croyance que
sa mort lui vaudra, là-bas, une félicité sans compa-

raison avec celle qu'il eût trouvée au terme d'une vie différente, ne soit pas confiant d'une confiance déraisonnable et folle. D'autre part, montrer que l'âme est quelque chose de résistant, de quasi divin, et qui déjà existait antérieurement au temps où nous sommes devenus des hommes, cela, dis-tu, n'empêche nullement que la signification de tous ces caractères ne soit, non pas son immortalité, mais sa propriété de durer longtemps et la possibilité que son existence antérieure ait eu une durée incalculable, toute pleine de connaissances et d'actions diverses ; ce qui pourtant ne fait pas du tout, en effet, qu'elle soit davantage immortelle, *(d)* mais fait que sa venue dans un corps humain a été pour elle le début, précisément, de sa perte, à la façon d'une maladie, et que, après avoir vécu dans une condition misérable cette vie-là et la terminant dans ce qu'on nomme la mort, elle ne soit alors anéantie ; ceci étant d'ailleurs, selon toi, indifférent, ou bien que cette venue dans un corps se produise une unique fois, ou bien plusieurs ; indifférent du moins par rapport à nos craintes personnelles, car, à moins d'être insensé, il convient d'avoir des craintes quand on ignore si l'âme est immortelle et qu'on n'a pas le moyen d'en fournir la preuve! Tel est, je crois, *(e)* à peu près ton langage, Cébès : c'est à dessein que je le reprends sans me lasser, pour que rien ne nous en échappe et pour que, à ton gré, tu puisses y ajouter ou en retrancher. » Alors Cébès : « Non, dit-il : il n'y a présentement rien que j'aie besoin, quant à moi, ni d'en retrancher, n'y d'y ajouter, mais c'est bien là ce que je dis. »

*Réflexions générales sur le problème de la génération
et de la corruption.*

Sur ce, Socrate attendit un bon moment, débat-
tant avec lui-même l'examen de quelque point :
« Ce n'est pas, dit-il, une petite chose qui fait l'objet
de ton enquête, Cébès ! C'est en effet, d'une façon
générale, le problème de la cause, en ce qui concerne
la génération et la corruption, que nous avons à
approfondir. *(a)* A leur sujet je m'en vais donc, si
tu le veux bien, te raconter au moins mes impressions
personnelles. Ensuite, au cas où, dans ce que je pour-
rai bien dire, tu verrais quelque chose d'utile, tu
l'utiliseras à produire la conviction touchant ta
propre théorie. — Mais certainement, dit Cébès,
voilà bien ce que je désire ! —

« Eh bien donc ! écoute le discours que je vais
faire. Sache, dit-il, que, lorsque j'étais jeune, c'était
merveille, Cébès, le zèle que j'avais pour ce savoir
auquel on donne le nom de *Connaissance de la Nature*[60] ! Je trouvais en effet splendide ce savoir des
causes de chaque chose, de la raison qui fait que chaque
chose commence d'exister, de la raison pour laquelle
elle cesse d'exister, de la raison enfin pour laquelle
elle existe ! Maintes fois je me mettais moi-même
sens dessus dessous, *(b)* sur des problèmes tels que
ceux que voici, pour commencer. Est-ce, quand le
chaud et le froid reçoivent une sorte de putréfaction,
que, comme le soutenaient certains, est-ce alors
que les vivants se sont constitués[61] ? Est-ce le sang
qui est le principe de notre pensée[62] ? ou bien l'air[63] !
ou bien le feu[64] ? Ou bien n'est-ce aucune de ces
choses, mais le cerveau, lui à qui nous devons nos

sensations auditives, visuelles, olfactives, desquelles proviendraient mémoire et jugement, tandis que de la mémoire et du jugement, une fois stabilisés, se formerait, grâce à cette stabilisation, un savoir [65] ? Inversement, c'étaient aussi les corruptions de ces choses que j'envisageais, *(c)* et puis les phénomènes du ciel aussi bien que de la terre. Résultat final : je me jugeai moi-même inapte, incomparablement inapte, à l'égard de cette recherche!

« Or, je vais t'en donner une preuve suffisante. Il y avait en effet des choses que, même avant, je savais de façon sûre, de mon propre avis comme de celui des autres ; eh bien! par l'effet de cette recherche, j'avais été si radicalement aveuglé que j'en venais à désapprendre, même les choses qu'auparavant je me figurais savoir sur quantité de sujets, et, par exemple, sur la cause de la croissance chez un homme. Auparavant en effet, je me figurais que pour tout le monde, manifestement, cette cause est qu'il mange et qu'il boit ; *(d)* car, lorsque, du fait de l'alimentation, aux chairs viennent s'ajouter des chairs, aux os des os, et que, selon la même loi, viennent s'ajouter à chacune des autres parties du corps les éléments qui lui sont homogènes, alors la masse, qui était peu considérable, devient par la suite abondante, et c'est ainsi que, de petit qu'il était, un homme devient grand. Oui, voilà ce que je me figurais alors ; est-ce qu'à ton avis ce n'était pas à bon droit ? — C'est en effet mon avis! dit Cébès. —

« Envisage donc ceci encore. Je me figurais en effet, en voyant un homme grand placé contre un petit, être bien fondé à juger que c'est de la tête précisément qu'il est plus grand ; de même pour un

cheval par rapport à un cheval ; *(e)* et, pour prendre
un exemple plus évident encore que les précédents,
si 10 est plus que 8, c'était selon moi parce que 2 se
joint à ce dernier nombre, ou, si la longueur de deux
coudées est plus grande que la longueur d'une coudée,
que c'est parce qu'elle la surpasse de sa moitié. —
Mais à présent, dit Cébès, qu'en est-il à ce sujet
selon toi ? — Il en est, par Zeus! dit-il, que je pense
être fort loin de me croire, à propos d'une quelconque
de ces choses, instruit de sa cause ; moi qui ne me
permets même pas à moi-même, lorsque à une unité
on ajoute une unité, de dire si c'est l'unité à laquelle
cette dernière a été ajoutée qui est devenue 2, ou
si c'est l'unité ajoutée et celle qui a reçu cette adjonction *(a)* qui, du fait même de cette adjonction de
l'une à l'autre, sont devenues 2! C'est en effet pour
moi un sujet d'étonnement que, lorsqu'elles étaient,
chacune, à part l'une de l'autre, chacune des deux
fût visiblement unité et qu'alors il n'y eût pas
de 2 ; et que, une fois qu'elles se sont rapprochées,
il n'a fallu, paraît-il, pour faire qu'elles devinssent 2,
d'autre cause que leur réunion par voie de mutuelle
juxtaposition! Pas davantage comment, si l'on
fractionne l'unité, ne puis-je désormais me persuader
comment la cause, cette fois, de la production
du 2 est celle-ci : le fractionnement ; car l'ancienne
cause, en vertu de laquelle se produisait le 2, était
une cause contraire, *(b)* puisque autrefois, c'était
en vertu du rapprochement mutuel et de la juxtaposition d'un terme à un autre ; tandis que maintenant
c'est en vertu d'un éloignement et d'une séparation
de l'un par rapport à l'autre! Pas davantage enfin,
pour ce qui est de savoir en vertu de quelle cause se
produit l'unité, je ne me persuade désormais ; pas

plus que pour rien d'autre, en un mot, je ne réussis, en suivant cette voie de la recherche, à savoir en vertu de quelle cause cela se produit, se détruit ou existe. Cependant, à part moi, je pétrissais à l'aventure une autre méthode ; mais de la précédente, je ne fais pas du tout mon bonheur!

La promesse d'Anaxagore.

« Sur ce, voilà qu'un jour j'entendis faire une lecture, d'un livre qui, disait-on, était d'Anaxagore et où se trouvait exprimée cette idée, que c'est l'intelligence qui met tout en ordre et qui est la cause universelle [66]. Cette causalité-là me remplit de joie, en raison de l'intérêt que je trouvai, en un sens, à faire de l'intelligence la cause de toutes choses. S'il en est ainsi, pensai-je, l'esprit ordonnateur ordonne toutes choses et dispose chacune de la meilleure manière possible ; si donc on souhaitait, pour chaque chose, découvrir à quelle condition elle naît, périt ou existe, alors ce qu'à son sujet il était nécessaire de découvrir, c'est quelle est pour cette chose la meilleure manière possible, soit d'exister, soit de subir ou de produire n'importe quelle action ; dès lors, en partant de cette conception, *(c)* ce qu'il convenait à l'homme d'envisager, tant en ce qui le concerne lui-même personnellement qu'en ce qui concerne les autres choses, ce n'est rien d'autre que le parfait et ce qui vaut le mieux ; le même homme c'est forcé, connaîtra aussi le pire, car c'est une même science qui leur est relative. Telles étaient donc mes réflexions, et, tout joyeux, je me figurais avoir découvert l'homme qui, concernant les êtres,

m'enseignerait la causalité qui, pour moi-même,
s'accorderait à mon intelligence : Anaxagore! Il
m'expliquerait, en premier lieu, si la terre est plate
ou ronde [67], et, puisqu'il me l'expliquerait, *(d)* il
m'en exposerait tout au long la raison et la nécessité ;
m'apprenant, lui qui dit ce qui est le meilleur, qu'il
était meilleur pour la terre d'avoir telle ou telle
forme! Et, s'il me disait qu'elle est au centre du
monde [68], il m'exposerait tout au long qu'il était
meilleur pour elle d'être au centre : qu'il me fît
cette révélation, et j'étais tout préparé à ne plus
désirer à l'avenir d'autre espèce de causalité! Naturellement, pour le soleil aussi, j'étais de même sorte
tout préparé, *(a)* puisqu'on devait pareillement
m'instruire ; et ensuite, pour la lune et le reste des
astres, concernant la relation de leurs mutuelles
vitesses, leurs retours [69], ainsi que leurs autres parti-
cularités ; bref, concernant la façon dont ce pouvait
bien être le meilleur pour chacun de produire ou
de subir telles actions, qu'il est dans leur nature de
produire ou de subir. Je ne me serais jamais figuré
en effet que, déclarant ces choses ordonnées par
une intelligence, il pût leur attribuer une autre cause,
sinon que c'était pour elles le mieux de se comporter
comme précisément elles se comportent ; étant
donné qu'à chacune en particulier *(b)* et à toutes
en commun il donne cette cause, il va aussi, me
figurais-je, m'exposer tout au long ce qui vaut le
mieux pour chacune et ce qui est pour toutes le
bien commun. Enfin, pour beaucoup je n'aurais pas
cédé mes espérances ; mais bien plutôt, ayant mis
toute mon ardeur à me procurer le livre, j'en faisais
le plus vite que je pouvais la lecture, afin de connaître le plus vite possible le meilleur et le pire!

« Et voilà que de la merveilleuse espérance j'étais, camarade, emporté bien loin, puisque, en avançant dans ma lecture, je vois un homme qui n'a point recours à l'intelligence et qui ne lui impute pas de causalité en vue de l'arrangement ordonné des choses particulières, *(c)* mais qui, pour cela, invoque les actions de l'air, de l'éther, de l'eau, de quantité d'autres causes tout aussi déconcertantes! Bref, son cas me parut tout à fait semblable à celui d'un homme qui, en même temps qu'il dit que Socrate accomplit avec son intelligence tout ce qu'il accomplit, ensuite, lorsqu'il entreprendrait de dire les causes de chacun des actes que j'accomplis, s'exprimerait en ces termes : Premièrement, la raison pour laquelle je suis maintenant assis en ce lieu. c'est que mon corps est fait d'os et de muscles ; que les os sont solides et qu'ils ont des commissures les séparant les uns des autres, tandis que les muscles ont la propriété de se tendre et de se relâcher, *(d)* faisant aux os une enveloppe de chairs et de peau, laquelle maintient les chairs ; en conséquence de quoi, lorsque les os oscillent dans leurs propres emboîtements, les muscles, qui se détendent ou se contractent, me mettent à même, par exemple, de fléchir à présent mes membres ; et voilà la cause en vertu de laquelle, m'étant replié de la sorte, je suis assis en ce lieu! Concernant, cette fois, la conversation que j'ai avec vous, il alléguerait d'autres causes du même ordre, l'articulation des sons, l'émission de l'air, l'audition, invoquant mille autres raisons analogues *(e)* et négligeant de mentionner les causes qui le sont véritablement : à savoir, que, les Athéniens ayant jugé qu'il valait mieux me condamner, moi à mon tour, et précisément pour

cette raison, j'ai jugé qu'il valait mieux, pour moi
aussi, d'être assis en ce lieu ; autrement dit, qu'il
était plus juste, en restant sur place, de me soumettre
à la peine qu'ils auraient édictée. De fait, par le
Chien! il pourrait, je crois, y avoir longtemps *(a)*
que ces muscles et ces os seraient du côté de Mégare
ou de la Béotie, où les aurait portés un jugement
sur ce qui vaut le mieux, dans le cas où je ne me serais
pas figuré qu'il était plus juste et plus beau, au
lieu de fuir et de m'évader, de m'en remettre à la
Cité de la peine qu'éventuellement elle décide
d'infliger.

« Donner le nom de causes à de pareilles choses
est pourtant par trop absurde. Ah! si l'on disait que,
faute de posséder ces sortes de choses (j'entends
des os, des muscles et tout ce que j'ai en outre), je ne
serais pas à même de faire ce que je juge bon de faire,
on ne dirait ainsi que la vérité. Que ce soient là
toutefois les causes en vertu desquelles je fais ce
que je fais, que mon intelligence soit employée par
moi à accomplir ces actes et que néanmoins ce ne
soit pas *(b)* en optant pour ce qui vaut le mieux,
le dire serait en user avec beaucoup de sans façon
et sans mesure à l'égard du langage! Ainsi, on n'est
pas en état de discerner qu'autre chose est la réalité
de la cause, autre chose ce sans quoi la cause ne
serait jamais cause [70]! ce que, tâtonnant comme
dans le noir, la plupart des hommes désignent en
se servant d'un mot impropre quand ils lui donnent
le nom de cause! Et voilà pourquoi, tandis que
celui-ci, posant un tourbillon à l'entour de la terre,
donne au ciel pour fonction de maintenir la terre
immobile, cet autre place l'air en dessous comme un
support pour une vaste huche [71]! *(c)* Quant à la

puissance, à laquelle ces choses doivent d'être, à présent, placées dans l'état où il valait le mieux qu'elles pussent être placées, cette puissance, ils ne sont, ni en quête d'elle, ni convaincus qu'elle possède une force divine ; mais ils estiment pouvoir un jour découvrir quelque Atlas plus fort que celui-là, plus immortel, soutenant mieux l'ensemble des choses ; et, que le bien, l'obligatoire [72], soit ce qui relie et soutient, voilà une chose dont ils n'ont véritablement aucune idée ! Sans doute me serais-je fait avec le plus grand plaisir, moi, l'élève de n'importe qui, pour savoir ce qui en est de cette sorte de cause ; mais, comme j'en avais été frustré et que je n'avais été capable, ni de la découvrir par moi-même, ni de m'en instruire auprès d'un autre, *(d)* alors, dans une navigation de remplacement à la découverte de la cause [73], veux-tu, Cébès, dit-il, que je te fasse un exposé de toutes les peines que je me suis données ? — Si je le veux ? dit-il ; je crois bien, et prodigieusement ! —

La découverte de Socrate.

« Eh bien ! après cela, reprit Socrate, découragé comme je l'étais de l'étude des réalités, j'eus l'idée qu'il fallait prendre mes précautions contre un accident qui arrive, au cours de leur observation, aux spectateurs d'une éclipse de soleil : quelques-uns en effet risquent d'y perdre la vue, s'ils n'observent pas dans l'eau, ou par quelque moyen analogue, l'image de l'astre [74]. *(e)* C'est à un pareil accident que je songeai aussi pour ma part, et je craignis d'être complètement aveuglé de l'âme, en

regardant dans la direction des choses avec mes
yeux ou en essayant d'entrer en contact avec elles
par chacun de mes sens. J'eus dès lors l'idée que je
devais chercher un refuge du côté des notions et
envisager en elles la vérité des choses. Il se peut
d'ailleurs qu'en un sens ma comparaison ne soit pas
ressemblante, *(a)* car je ne conviens pas du tout
qu'envisager les êtres dans des notions, ce soit les
envisager en images, plus que lorsqu'on les envisage
dans l'expérience concrète. Toujours est-il que ce
fut donc dans cette direction que je me lançai, et
que, après avoir dans chaque cas pris pour base une
notion, celle qu'éventuellement je juge être la plus
forte, tout ce qui, selon moi, a consonance avec elle,
je le pose comme étant vrai, aussi bien à propos de
la cause qu'à propos de toute autre chose, sans
exception ; tandis que, si la consonance fait défaut,
je pose que ce n'est point vrai.

« Or, je désire t'exposer plus clairement ce que je
dis, car, pour l'instant, je crois que tu ne comprends
pas ! — Non, pas bien fort, par Zeus ! dit Cébès. —
Et pourtant, reprit Socrate, *(b)* en parlant ainsi
je ne dis rien de neuf : je ne fais que parler exactement comme toutes les autres fois, et, comme je
n'ai pas cessé du tout de parler au cours de notre
entretien ! Ce que j'en viens en effet à essayer désormais de faire, c'est de t'exposer quelle est l'espèce
de cause pour laquelle j'ai pris toutes ces peines,
et me voilà de nouveau embarqué dans ces asser-
tions cent fois ressassées, que vous connaissez bien ;
et c'est d'elles que je pars, en prenant pour base la
notion de l'existence, en soi et par soi, d'un Beau,
d'un Bon, d'un Grand et de tout le reste ! Si tu
m'accordes leur existence, si tu en conviens avec

moi, j'espère, en partant d'elles, réussir à t'exposer
et à mettre au jour la cause en vertu de laquelle
l'âme est chose immortelle. — Mais bien certainement *(c)* je te l'accorde, dit Cébès, de sorte que tu
ne dois pas hésiter à conclure — Examine alors ce
qui résulte de l'existence des réalités en question,
pour voir si tu as là-dessus une opinion qui s'accorde
avec la mienne : elle est que, évidemment, si en
dehors du Beau qui n'est rien que beau, il y a quelque
chose d'autre qui soit beau, il n'existe pas non plus
d'autre raison pour que ce quelque chose soit beau,
sinon parce qu'il participe du Beau dont il s'agit.
Et, bien entendu, j'en dis autant pour tout. Cette
sorte de causalité, conviens-tu de l'accepter ? —
J'en conviens, dit-il. — Le résultat, reprit Socrate,
est que je ne comprends plus rien aux autres causes,
aux causes savantes, que pas davantage je ne par-
viens à les reconnaître : bien au contraire, quand
on me donne pour raison de la beauté de quoi que
ce soit, *(d)* ou la vivacité fleurie de sa couleur, ou
sa forme, ou n'importe quoi du même genre, voilà
les autres causes, auxquelles je signifie leur congé,
étant en effet, sans exception, tout troublé dans
ces autres causes ; tandis que cette cause-ci, tout
uniment, sans malice, bêtement peut-être, je la
garde par devers moi : rien d'autre ne fait belle ladite chose, que, en elle, la présence du Beau en question, ou bien encore une communication de celui-ci,
quels que soient d'ailleurs le moyen et le mode de
cette relation ; s'il y a là en effet un point sur lequel
je ne veux, à toute force, rien décider encore, c'est
le contraire pour celui-ci, que toutes les belles choses
deviennent belles par le Beau. C'est qu'en cela réside,
à mon avis, la réponse la mieux assurée que je puisse

faire, à moi-même comme à autrui ; j'estime qu'en m'y attachant je ne m'exposerai plus jamais *(e)* à trébucher, mais que c'est une réponse assurée à faire, et à moi-même et à n'importe qui d'autre, que de dire : les belles choses sont belles par le Beau. N'est-ce pas aussi ton avis ? — C'est mon avis. —

« Ainsi donc, c'est aussi par la Grandeur que sont grandes les choses grandes et plus grandes celles qui sont plus grandes ; par la Petitesse, plus petites, celles qui sont plus petites ? — Oui. — Ainsi donc, ce n'est pas toi non plus qui accepterais qu'on vînt te dire que c'est par la tête qu'un tel est plus grand qu'un tel, ou, par la même chose, plus petit celui qui est plus petit ; *(a)* tu protesterais au contraire ne rien prétendre d'autre pour ta part, sinon que c'est toujours une grandeur, et rien d'autre, qui fait plus grande la chose qui est plus grande qu'une seconde chose, et que la raison pour laquelle elle est plus grande est la Grandeur ; que ce qui est plus petit n'est plus petit par rien d'autre que par une petitesse, et que la raison pour laquelle il est plus petit, cette raison est la Petitesse ; avec la peur en toi, je pense, de t'entendre opposer, à l'encontre de ton assertion, que, si c'est par la tête qu'un homme est plus grand ou plus petit, d'abord ce sera par la même chose que sera plus grand celui qui est plus grand, plus petit celui qui est plus petit, et, en second lieu, que c'est par une petite chose, la tête, qu'est plus grand ce qui est plus grand : *(b)* un prodige assurément d'être grand par ce qui est petit ! Est-ce que tout cela ne te ferait pas peur ? » Cébès se mit à rire : « A moi ? certainement ! dit-il. — Aussi bien, reprit Socrate, que 10 soit de 2 plus grand que 8, et que ce soit là la cause qui fait qu'il

le dépasse, voilà ce que tu aurais, n'est-ce pas ?
peur de soutenir, au lieu de dire que c'est par une
quantité et à cause de la Quantité ; et que c'est par
sa moitié, mais non par une grandeur, que la double
coudée est plus grande que la coudée ? Car il y a
autant, je pense, de quoi avoir peur. — Hé, dit-il
absolument. — Mais quoi ? lorsqu'une unité est
adjointe à une unité, que cette adjonction soit la
cause de la production du 2, ou, si l'unité est frac-
tionnée, que ce soit ce fractionnement, *(c)* ne te
garderais-tu pas de le dire ? A grands cris tu procla-
merais en outre que, à ta connaissance, il n'y a pour
chaque chose pas d'autre façon de commencer
d'exister, que de participer à ce qui est en propre
la réalité de ce à quoi, en chaque cas, elle participe [75] ; que, dans ces deux cas, tu ne possèdes pas
d'autre cause, expliquant que 2 commence d'exister,
sinon sa participation à la Dualité, et que doivent
en participer aussi tous les 2 futurs ; sinon enfin la
participation à l'Unité pour tout ce qui doit être
unité. Mais ces fractionnements, ces adjonctions
et tout ce qu'il y a encore de finasseries analogues,
tu leur signifierais leur congé ; ces réponses-là, tu
les abandonnerais à des gens plus savants que tu
ne l'es !

La méthode.

« Quant à toi, la frayeur que tu as sans doute,
(d) comme dit le proverbe, de ta propre ombre [76] et
de ton inexpérience, ton attachement à cette fameuse
sécurité qui résulte de la base que nous nous sommes

donnée [77], te feraient répondre de la façon que j'ai
dite. Puis, si quelqu'un s'en prenait à la position de
base elle-même, c'est à lui que tu signifierais son
congé, et tu refuserais de lui répondre avant d'avoir
examiné si les conséquences, qui partent de la position de base dont il s'agit, sont entre elles conso-
nantes ou bien dissonantes. Mais, quand il te faudrait rendre raison de cette position même, c'est
la même procédure qui te servirait à en rendre
raison, en prenant cette fois pour base une autre
position, celle qui, dans l'ordre ascendant, t'apparaîtra comme ayant le plus de valeur, jusqu'à ce
que tu sois parvenu à un principe qui suffise. *(e)*
Et tu ne t'empêtrerais pas, comme font les contro-
versistes, à parler dans le même temps du principe
aussi bien que de ce qui part de ce principe : pour
peu que ton intention fût de découvrir quelque
chose qui appartienne à la réalité. Voilà en effet de
quoi, peut-être bien, ces gens-là ne parlent pas plus
qu'ils ne s'en soucient ; car, avec l'aptitude que leur
donne leur talent pour tout brouiller ensemble, ils
ne sont capables néanmoins que de se faire plaisir
à eux-mêmes ; au lieu que toi, pour peu que tu sois
un philosophe, *(a)* alors ce que, moi, je dis, je suis
convaincu que, toi, tu le ferais ! — Il n'y a rien de
plus vrai que tes paroles ! » firent en même temps
Simmias et Cébès. »

Éch. : Par Zeus ! ils n'avaient pas tort, Phédon !
A mon avis, en effet, c'est merveille avec quelle
évidence, même pour un petit esprit, Socrate a fait
cet exposé !

Ph. : Hé oui ! Échécrate, absolument. C'était aussi
l'avis de tous ceux qui étaient présents.

Éch. : Et le nôtre aussi, à nous qui n'y étions pas,

mais qui t'écoutons maintenant! Mais, après cela,
qu'est-ce qu'on a dit?

Ph. : Voici, je crois : quand de cela on fut convenu
avec lui, c'est-à-dire qu'on se fut mis d'accord sur
l'existence singulière de chaque nature [78] *(b)* et
sur le fait que, d'un autre côté, les choses qui participent à ces natures, portent le nom de celles-ci,
il posa, après cela, une question.

V. *Le problème des contraires.*

« Si donc, Cébès, ce langage, dit-il, est le tien,
est-ce que, en affirmant de Simmias qu'il est plus
grand que Socrate, mais qu'il est plus petit que
Phédon, tu ne dis pas alors que, dans Simmias, il
y a l'un et l'autre, la grandeur comme la petitesse?
— C'est ce que je dis! — N'en reste-t-il pas moins,
poursuivit Socrate, que, tu l'accordes, l'expression :
" Simmias dépasse Socrate " n'énonce pas verbale-
ment les choses comme elles sont en vérité? Car le
fait de dépasser Socrate n'est pas, je pense, un élément naturel de cet autre fait, *(c)* que Simmias est
Simmias, mais bien de la grandeur qu'a justement
Simmias ; pas davantage, d'autre part, le fait de
dépasser Socrate ne tient à ce que Socrate est So-
crate, mais à ce que, relativement à la grandeur de
Simmias, Socrate a de la petitesse. — C'est vrai! —
Pas davantage, en vérité, le fait, cette fois, que
Simmias est dépassé pas Phédon ne tient à ce que
Phédon est Phédon, mais à ce que, relativement à
la petitesse de Simmias, Phédon a de la grandeur.
— C'est exact. — Donc, de cette manière, " être
grand ", aussi bien qu' " être petit ", voilà les déno-

minations que possède Simmias, puisqu'il est inter-
médiaire entre l'un et l'autre : à la grandeur de
l'un, pour en être dépassée, *(d)* soumettant sa
petitesse, présentant à l'autre sa grandeur qui
dépasse cette petitesse. » En même temps, il se mit
à sourire : « Je me fais l'effet, dit-il, de vouloir
formuler un contrat [79]! Toujours est-il qu'il en est
bien pourtant à peu près comme je le dis. » Cébès
approuva.

« Précisément, si je parle ainsi, c'est parce que je
souhaite te voir partager mon opinion sur le point
que voici. A mes yeux, en effet, il est évident, non
pas seulement que la Grandeur, qui n'est que grandeur, n'accepte pas d'être à la fois grande et petite,
mais que la grandeur qui est en nous, elle aussi,
jamais ne donne en elle accès à la petitesse et qu'elle
ne consent pas non plus à être dépassée [80]. Mais de
deux choses l'une : ou bien elle s'enfuit et cède la
place, *(e)* lorsque contre elle s'avance son contraire,
la Petitesse ; ou bien l'avance de cette dernière,
c'est la perte de l'autre. Quant à attendre de pied
ferme la Petitesse et à la recevoir en elle, non ; elle
ne consent pas à être une chose différente de celle
que précisément elle est! Me voici, moi, par exemple,
en moi j'ai reçu la Petitesse [81], l'ayant attendue de
pied ferme ; et je continue d'être celui-là même que
précisément je suis, ce même Socrate petit que je
suis ; elle au contraire, qui est grande, elle n'a pas
le courage d'être petite! Or, c'est tout pareil pour la
petitesse : jamais elle ne consent à devenir grande,
non plus qu'à l'être ; pas davantage, aucun autre
des contraires, tant qu'il est encore ce que précisément il est, ne consent à devenir, comme à être,
en même temps son contraire. *(a)* Mais, placé dans

cette conjoncture, ou bien il s'éloigne, ou bien il
périt. — C'est, dit Cébès, tout à fait évident pour
moi qu'il en est ainsi. »

1. Objection et réponse.

En entendant ces mots, un de ceux qui étaient
présents (qui cela ? il y a sur ce point incertitude
dans mes souvenirs) prit la parole : « Par les Dieux !
dans ce qui s'est dit auparavant, n'est-ce pas exactement sur le contraire de ce qui se dit à présent,
que l'on s'était mis d'accord ? à savoir que de ce qui
est plus petit naît ce qui est plus grand, de ce qui
est plus grand ce qui est plus petit ? bref que, pour
les contraires, provenir de leurs contraires, voilà
leur génération ? Or, à présent, ce qu'on dit, c'est,
à mon avis, que jamais cela ne pourrait avoir lieu. »
Socrate avait détourné la tête et écouté l'objection :
« C'est brave à toi, dit-il, *(b)* de nous avoir fait souvenir de cela ! A vrai dire, tu ne réfléchis pas à la
différence qu'il y a entre ce qui se dit maintenant
et ce qui se disait alors : alors, on disait en effet que
de la " chose " contraire naît la " chose " contraire,
tandis que maintenant ce qu'on dit, c'est que le
contraire, " en lui-même ", jamais ne pourrait à lui-
même devenir son contraire, ni le contraire en nous,
ni le contraire dans sa nature essentielle [82]. Alors en
effet, mon cher, nous parlions des sujets qui possèdent
les contraires, et nous les dénommions d'après la
dénomination de ceux-ci [83], tandis que, maintenant,
nous parlons des contraires en eux-mêmes, dont la
présence dans les sujets dénommés leur confère la
dénomination des contraires ; lesquels, de leur côté,

jamais ne consentiraient, disons-nous, *(c)* à recevoir les uns des autres leur génération. » Et, en même temps, avec un regard du côté de Cébès, il poursuivit : « Est-ce que, dit-il, toi aussi, Cébès, tu as bien pu en quelque chose être troublé par ce qu'a dit notre homme ? — Non, répondit Cébès ; cette fois, ce n'est pas même mon cas ! Ce qui ne veut pas dire qu'il n'y ait bien des choses qui me troublent... —

« Un point, reprit Socrate, sur lequel sans réserve nous nous sommes accordés, n'est-ce pas celui-ci, que jamais le contraire ne sera à lui-même son contraire ? — Parfaitement ! dit-il. — Aie donc l'obligeance, dit-il, d'examiner encore ceci, pour voir si par hasard tu seras d'accord avec moi. Il y a quelque chose que tu appelles " chaud ", et quelque chose, " froid " ? — Cela va sans dire ! — Est-ce que c'est précisément ce que tu nommes " neige " et " feu " ? Évidemment non, par Zeus ! *(d)* — Alors c'est que le chaud est une chose autre que du feu, et le froid, une chose autre que de la neige ? — Oui. — Alors, au moins est-ce, je pense, ton opinion, jamais la neige, étant de la neige, quand, ainsi que nous le disions précédemment, elle aura reçu en elle le chaud, ne sera plus ce que justement elle était, puisqu'elle sera neige avec chaud ; mais au contraire, devant l'avance du chaud, ou bien elle cédera la place au chaud, ou bien elle périra. — Hé ! absolument. — Et le feu, à son tour, quand contre lui avance le froid, ou bien il se dérobe, ou bien il périt ; jamais, à vrai dire, il n'aura le courage, ayant en lui reçu la froidure, d'être encore ce que justement il était, puisqu'il sera feu avec froid ! *(e)* — C'est vrai, fit-il, ce que tu dis ! — En conséquence, il en est de telle sorte, reprit Socrate, dans quelques cas de ce type,

que non seulement la nature essentielle envisagée
soit estimée en droit d'avoir, pour une durée éter-
nelle, le nom qui lui appartient, mais qu'une autre
nature essentielle encore ait ce droit, laquelle n'est
pas la nature même dont il s'agissait, mais en possède
toujours la forme [84], autant de temps qu'existe cette
seconde nature. Les exemples que voici illustreront
sans doute mieux encore ce que je dis. Toujours en
effet, je pense, l'Impair est en droit d'obtenir ce nom
même, que nous prononçons à présent ; n'est-ce
pas ? — Hé ! absolument. — Est-il la seule réalité
qui soit dans ce cas (oui, voilà ce que je demande),
ou bien y en a-t-il une autre encore, qui, d'une part,
n'est pas ce que précisément est l'Impair, *(a)* et qui,
d'autre part, a cependant toujours droit, après son
propre nom, à être en outre appelée comme cela : pour
pour cette raison que sa constitution naturelle est
telle que de l'imparité jamais elle ne manque ? J'en
donne pour exemple le cas de 3, sans parler de beaucoup d'autres. Or, examine la question pour 3 :
est-ce qu'à ton avis il n'est pas toujours désigné, et
par son nom à lui, et par celui d'impair, quoique
l'Impair ne soit pas ce que 3 est précisément ? Il
n'en reste pas moins que telle est, peut-on dire, la
nature, et de 3, et de 5, et de la moitié tout entière
de la série des nombres, que toujours chacun d'eux,
quoique n'étant pas ce qu'est précisément l'Impair,
(b) est cependant impair. Inversement, 2, 4, et,
tout entière encore, l'autre file des nombres, quoique
n'étant pas ce qu'est précisément le Pair, sont toujours cependant, chacun, un nombre pair. Convien-
tu, ou non, de cela avec moi ? — Comment en effet,
dit-il, ne pas en convenir ? —

   « Sur ce, reprit Socrate, attention à ce que je me

propose de montrer! Voici : ce ne sont évidemment
pas les premiers contraires qui sont les seuls à ne
pas se recevoir mutuellement, mais aussi tous ces
termes qui, sans être mutuellement contraires, possèdent toujours ces contraires ; termes vraisemblablement incapables, eux aussi, de recevoir la nature
essentielle contraire de celle qui leur est inhérente,
mais qui, à l'approche de la première, ou bien
périssent, *(c)* ou bien cèdent la place. Est-ce que,
de 3, nous ne dirons pas, et qu'il périra, et qu'il aura
subi d'abord n'importe quel traitement, avant d'avoir
de pied ferme attendu, étant encore 3, le moment
où il serait devenu pair ? — Hé oui! dit Cébès, absolument. — Il n'y a pas non plus, bien sûr, reprit
Socrate, de contrariété entre 2 et 3. — Non, en effet!
— Donc les natures essentielles qui sont contraires
ne sont pas seules à tenir bon à l'approche l'une de
l'autre, mais c'est aussi le cas de tels autres termes,
qui, à l'approche des contraires, ne tiennent pas
mieux! — On ne peut, dit-il, s'exprimer avec plus
de vérité! —

« Eh bien! reprit Socrate, veux-tu alors que, si
nous en sommes capables, nous déterminions de
quelle sorte sont ces derniers termes ? — Hé! absolument. — Ne seraient-ce donc pas, *(d)* Cébès, poursuivit-il, les termes qui, en prenant possession de
quoi que ce soit [85], ne le contraignent pas seulement
à posséder sa propre nature essentielle, mais encore
à posséder celle d'un contraire qui toujours a quelque
contraire ? — Comment l'entends-tu ? — Dans le
sens de ce que nous disions à l'instant : assurément
en effet tu n'ignores pas que, quelles que soient les
choses dont prenne possession la nature du Trois,
il n'y a pas là seulement trois choses, mais encore

un nombre impair. — Hé! absolument. — Dès lors, disons-nous, jamais n'irait à l'encontre de ce qui est tel l'essence contraire de la forme dans laquelle ceci a bien pu trouver son achèvement. — Non, en effet. — Or, cette forme était la forme de l'Impair? — Oui. — Et la forme contraire de celle-là est celle du Pair? — Oui. — Donc, *(e)* sur ce Trois jamais ne viendra le Pair. — Non, bien sûr! — C'est donc que le Trois n'a pas de part au Pair. — Point de part! — Alors non-paire est la Triade. — Oui. — Voilà, somme toute, ce que j'appelais déterminer de quelle sorte sont les termes qui, n'étant pas contraires d'un autre, ne le reçoivent pas cependant, ce contraire : ainsi, avec notre présent exemple, la Triade, qui n'est point un contraire du Pair, ne s'en refuse pas moins à le recevoir ; car, toujours, à l'encontre de celui-ci elle en apporte le contraire, tout comme la Dyade le fait à l'encontre de l'Impair, le Feu à l'égard du Froid, *(a)* sans parler de toute une multitude d'autres cas. Eh bien! vois désormais si tu fais cette détermination de la façon suivante : ce n'est pas seulement le contraire qui ne reçoit pas en lui son contraire : c'est encore ce terme qui, à l'encontre de ce contraire, apporte avec lui quelque contraire ; et, quel que soit d'ailleurs l'objet sur lequel vient s'appliquer ce terme, c'est lui, le terme apportant ce contraire, qui se refuse à recevoir la contrariété du contraire qu'il apporte. Procède du reste à un nouveau rappel de tes souvenirs, car il n'est pas mauvais de les écouter plus d'une fois! Le Cinq ne recevra pas en lui cette contrariété qu'est le Pair, ni le Dix non plus, celle de l'Impair [86], lui qui est le double de 5 ; et, quoique le double soit lui-même effectivement le contraire d'un autre terme, c'est néanmoins la contrariété

constituée par l'Impair qu'il ne recevra pas ; pas
davantage évidemment que, dans le Trois-demis *(b)*
et les autres fractions analogues, la moitié ne recevra en soi la contrariété constituée par l'entier ; ce
sera l'inverse pour le Tiers et pour les autres fractions analogues : à supposer toutefois que tu me
suives et que là-dessus tu penses comme moi. — Je
pense tout à fait comme toi, dit Cébès, et je te suis
pleinement ! —

2. *Preuve de l'immortalité, fondée sur la théorie des contraires.*

« Reviens maintenant, poursuivit Socrate, à notre
point de départ, et, sans répondre dans les termes
même des questions que je puis te poser, parle plutôt
en imitant ce que je vais faire. Ce que je veux dire,
c'est justement que, à côté de cette façon de répondre
dont je disais la sûreté, une autre sûreté se présente
à mes yeux, qui résulte de ce que nous disons maintenant. Si en effet tu me demandes ce qu'il y a dont
la production au-dedans du corps rendra chaud
celui-ci, *(c)* je ne te ferai point ma sûre réponse, celle
que j'appelais la réponse de l'ignorance : que ce doit
être la Chaleur ; mais, en partant des considérations
présentes, je ferai une réponse plus relevée : ce doit
être le Feu ; et je ne dirai pas non plus, si l'on demande
ce qu'il y a dont la production dans un corps rendra
celui-ci malade, je ne dirai pas que c'est la Maladie,
mais que c'est la Fièvre ; pas davantage, si l'on me
demande qu'est-ce qu'il y a dont la production dans
le nombre le rendra impair, ne dirai-je que ce doit
être l'Imparité, mais que ce sera l'Unité. Et ainsi

du reste. Eh bien! vois si désormais tu es assez bien
instruit de ce que je souhaite. — Hé mais! dit-il,
tout à fait assez bien. — Alors, repartit Socrate,
réponds à cette question : qu'est-ce qu'il y a dont
la production dans un corps rendra ce corps vivant ?
— Ce qui le rendra vivant, c'est l'Ame. — Mais est-ce
qu'il en est toujours ainsi ? *(d)* — Comment en effet,
dit-il, ne serait-ce pas ? — Ainsi l'Ame, quel que
soit l'objet dont elle prenne possession, est toujours
arrivée, apportant à cet objet la vie ? — Incontes-
tablement! dit-il. — Or la Vie a-t-elle un contraire,
ou n'en a-t-elle pas ? — Elle en a un, dit-il. — Et
lequel ? — La Mort. — Mais est-ce que le contraire
de ce que toujours l'Ame apporte avec elle, il ne
faut pas que jamais elle le reçoive en elle : ce sur
quoi les considérations qui précèdent nous ont
conduits à nous mettre d'accord ? — Ah! je crois
bien! dit Cébès, tout à fait d'accord. —

« Dis donc! Ce qui ne reçoit pas en soi la nature
du Pair, quel nom lui donnions-nous tout à l'heure ?
— Celui de Non-pair. — Et ce qui ne reçoit pas le
Juste ? ce qui ne saurait recevoir le Cultivé ? *(e)* —
Non-cultivé, répondit-il, et Non-juste pour l'autre. —
Continuons! et ce qui ne saurait recevoir en soi la
Mort, comment l'appelons-nous ? — Non-mortel,
dit-il. — Or l'Ame, n'est-ce pas ? ne reçoit pas la
Mort en elle ? — Non. — L'Ame est donc chose non-
mortelle ? — Chose non-mortelle. — Continuons!
dit Socrate. Ce point-là, déclarons, bien entendu,
qu'il a été prouvé comme il faut ; que t'en semble ?
— Ah! je crois bien, Socrate! tout à fait comme il
faut. — Mais alors, Cébès, dit-il, si c'était pour le
Non-pair une nécessité d'être impérissable, *(a)* se
pourrait-il encore que le Trois ne fût pas impéris-

sable? — Comment le nier, en effet? — Et, lors
même que, pour le Non-chaud, ce serait une nécessité qu'il fût impérissable, est-ce que, aussi souvent
que sur de la neige on amènerait du chaud, la neige
ne se déroberait pas, se sauvegardant et non-fondue?
Elle ne périrait pas en effet, pas plus que, d'autre
part, tenant bon, elle ne recevrait en elle la Chaleur.
— C'est vrai! dit-il. — Semblablement, je pense,
lors même que le Non-froid serait impérissable,
est-ce que, aussi souvent que contre le feu s'avan-
cerait du froid, le feu s'éteindrait jamais, est-ce
qu'il périrait? est-ce que plutôt il ne s'en irait pas,
se sauvegardant par l'éloignement? — C'est forcé!
dit-il. — N'est-il donc pas forcé aussi, reprit Socrate,
(b) de s'exprimer de la sorte à propos du Non-
mortel? Si le Non-mortel est, lui aussi, impérissable,
il est impossible pour l'âme d'être anéantie, quand
contre elle s'avance la mort : la mort en effet, d'après
ce qui a été dit antérieurement, il est certain qu'elle
ne la recevra pas en elle et qu'elle ne sera pas non
plus une âme morte. Il en est ici comme pour le
trois qui, nous l'avons dit, ne sera pas plus pair que,
pour sa part, ne le serait l'Impair, ni froid le feu, non
plus que ne serait froide la Chaleur, inhérente au feu.

« Cependant, dira-t-on, qu'est-ce qui empêche,
d'une part, que l'impair, ainsi qu'on en est tombé
d'accord, ne puisse devenir pair à l'approche du
pair, et, d'autre part, que l'impair ayant été anéanti,
(c) du pair ne naisse à sa place? Contre l'auteur de
cette objection, nous ne serions pas en droit de
soutenir énergiquement que l'impair n'a pas été
anéanti (car le non-pair n'est pas impérissable),
puisque, si l'on nous accordait qu'il ne l'a pas été,
il nous serait facile de soutenir énergiquement qu'à

l'approche du pair l'impair et le trois s'en vont et
s'éloignent : c'est ce que, relativement au feu avec
le chaud, et aux autres exemples analogues, nous
soutiendrions avec la même énergie! Oui, n'est-ce
pas [87]? — Hé! absolument. — Donc, maintenant
encore, relativement au cas du non-mortel, si nous
nous accordons à dire du non-mortel qu'il est, lui
aussi, impérissable, l'âme aussi, en plus de non-
mortelle, doit être impérissable ; *(d)* tandis que, si
cet accord manquait, on aurait alors besoin d'une
autre discussion. — Mais non! dit-il, on n'en a pas
du tout besoin, au moins quant à ce point. Difficilement en effet trouverait-on, qui reçût en soi sa
propre destruction , quelque autre terme, si en vérité
le non-mortel, doué de l'éternité, doit la recevoir,
cette destruction! — La Divinité tout au moins, et,
prise en elle-même, la nature de la vie, et tout ce
qu'il y a encore de non-mortel, voilà des objets dont
tout le monde s'accorde à dire qu'ils ne périssent
jamais. — Tout le monde, par Zeus! dit-il, aussi
bien chez les hommes que, si je m'en crois, à plus
forte raison chez les Dieux! — Dès lors, donc, que
le non-mortel est en outre indestructible, *(e)* n'est-
il pas impossible que l'âme, si précisément il lui
appartient d'être non-mortelle, ne doive pas être
impérissable aussi? — C'est absolument nécessaire.
— Ainsi donc, lorsque la mort approche de l'homme,
c'est, semble-t-il bien, ce qu'il y a en lui de mortel
qui meurt, tandis que ce qui est non-mortel, sauve-
gardé et indestructible, s'en va et s'éloigne, cédant
la place à la mort. — C'est évident! — Concluons
donc, Cébès, dit-il, que l'âme est au suprême degré
chose non-mortelle *(a)* et impérissable, et que nos
âmes auront chez Hadès une existence réelle! —

3. *Tout n'est pas dit encore.*

« Quant à moi tout au moins, je n'ai, dit Cébès, rien d'autre à dire, auprès de ces considérations ; je n'ai pas non plus de motifs d'incrédulité à l'égard de tes arguments. Si pourtant, en vérité, il y a quelque remarque qu'aient à présenter Simmias que voici ou tout autre, il est bon qu'ils ne gardent pas le silence : il n'y a pas en effet, que je sache, sinon celle où nous sommes à présent, d'autre occasion à laquelle on pourrait remettre le désir qu'on a de parler ou d'entendre parler sur de pareilles questions ! — Mais il est certain qu'à moi non plus, dit Simmias, il ne me reste pas de raison désormais d'être incrédule, au moins à se fonder sur les propos qui ont été tenus. A vrai dire, l'importance des questions qui font l'objet de ces propos, le dédain qu'en outre j'ai pour l'humaine infirmité *(b)* m'obligent à conserver encore par devers moi quelque méfiance à l'égard de ce qu'on a dit. — Il n'y a pas qu'en cela, reprit Socrate, que tu aies raison de parler ainsi, mais en ce qui concerne aussi les propositions qui nous ont servi de base et de point de départ. Si croyables qu'elles soient à vos yeux, il faut néanmoins les soumettre à un examen plus sûr ; et, dans le cas où vous en aurez fait une convenable analyse, vous suivrez, à ce que je crois, le raisonnement dans sa marche, avec toute la rigueur dont une telle suite soit le plus au pouvoir d'un homme. Quand ce sûr examen aura eu lieu, alors vous ne chercherez rien au-delà ! — C'est vrai, fit-il, ce que tu dis. —

Avoir souci de son âme.

« Eh bien! voici au moins, poursuivit-il, une chose à laquelle, vous autres, il est juste que vous réfléchissiez : *(c)* s'il est vrai que l'âme soit immortelle, elle exige certainement que d'elle on ait soin ; non pas uniquement en vue de ce temps qu'occupe ce que nous appelons vivre, mais en vue de la totalité du temps ; et, pour qui ne se souciera pas de son âme, ce moment-ci est justement celui où le risque pourrait être jugé redoutable! Que la mort, en effet, soit détachement total, ce serait pour les méchants une aubaine d'être, une fois morts, à la fois détachés de leurs corps et, avec leur âme, détachés de toute la méchanceté qui est leur [88]! Le fait est que, avec l'évidence de l'immortalité pour l'âme, celle-ci n'a d'autre échappatoire à ses maux, *(d)* aucune autre sauvegarde non plus, sinon de devenir la meilleure et la plus sage possible ; car l'âme s'en va chez Hadès sans aucun autre bagage que son éducation et la façon dont elle a vécu ; ce qui justement est, d'après la tradition, le principe des avantages les plus grands et des plus grands dommages pour un défunt dès le début de son voyage là-bas.

VI. *Mythe de la destinée finale des âmes (Eschatologie)* [89].

« Or cette tradition est que chaque défunt, dit-on, est pris en main par le Démon même que le sort lui a individuellement attribué sa vie durant, pour être conduit par ce Démon en un certain lieu où

les défunts, qui y ont été rassemblés, se mettent,
une fois jugés, en route vers les demeures d'Hadès,
et cela en compagnie du guide en question, auquel
justement *(e)* il a été prescrit de conduire ceux qui
d'ici viennent sur la route qui mène là-bas. Quand
ils y ont trouvé le destin qu'ils y devaient précisément trouver et qu'ils y sont demeurés le temps
qu'il faut, un autre guide les ramène par ici ; et cela,
après de nombreuses et longues périodes de temps.
Or, à ce qu'on dit, la route n'est pas telle que le
prétend le Télèphe [90] d'Eschyle : *(a) simple*, dit-il
en effet, *est le chemin qui conduit chez Hadès*, tandis
que, selon moi, cette route n'est évidemment ni
simple ni unique : on n'aurait, dans ce cas, même pas
besoin de guides ; car, s'il n'y avait qu'une voie,
nulle part en effet on ne ferait fausse route ; mais
en réalité, le chemin a, semble-t-il bien, nombre de
bifurcations, de carrefours : la preuve de ce que je
dis, je la tire des rites et des coutumes qui se pratiquent ici [91]. Aussi bien l'âme, qui est ordonnée et
sage, suit-elle docilement : les présentes conditions
ne lui sont pas inconnues [92] ; celle au contraire qui
est passionnément attachée à son corps, lequel a été
pendant longtemps (c'est ce que précisément j'ai
dit auparavant), *(b)* ainsi que le lieu visible, l'objet
de ses transports furieux, celle-là, après avoir beaucoup résisté, après avoir subi nombre d'épreuves,
elle s'en va, menée de force et avec peine par le
Démon qui lui a été assigné. Or, une fois que l'âme
est parvenue là où justement sont les autres, alors,
si elle y arrive sans s'être purifiée de ce qu'elle a pu
faire, comme de s'être livrée à des meurtres contraires
à la justice [93], ou d'avoir commis tels autres forfaits
analogues, qui, frères des précédents, sont préci-

sément les œuvres d'âmes sœurs ; cette âme-là, chacun la fuit, chacun se détourne d'elle, nul n'accepte,
ni de faire route avec elle, ni de la guider ; dans son
isolement, elle ne cesse d'errer, *(c)* en proie à un
complet désarroi, jusqu'à ce que se soient produits
de certains temps et, quand ces temps sont arrivés,
elle est fatalement transportée à la résidence qui
lui convient. Quant à l'âme dont la vie s'est écoulée,
pure et mesurée, celle-là, ayant rencontré des Divinités pour faire route avec elle et pour la guider,
a trouvé [94] sa résidence dans le lieu qui convient à
ce qu'elle est individuellement.

Cosmologie et géographie générales.

« Or, la terre comporte nombre de régions remar-
quables et elle n'est, ni pour sa nature, ni pour son
étendue, ce qu'estiment les auteurs qui ont ordinairement traité de la terre : conviction à laquelle
quelqu'un m'a amené [95]. » Alors Simmias : *(d)* « De
quoi veux-tu parler Socrate ? Au sujet de la terre,
moi aussi, vois-tu, j'ai certainement entendu exposer bien des choses, non pas cependant celles dont
tu te dis convaincu ; aussi aurais-je plaisir à les
entendre. — Il faut pourtant, Simmias, reconnaître,
à mon avis, que si, pour les exposer, il n'y a du moins
pas besoin de *l'art de Glaucos* [96], pour prouver en
revanche qu'elles sont telles véritablement, voilà
qui, évidemment, passe en difficulté tout *l'art de
Glaucos !* De plus, à la fois ne serais-je sans doute
pas davantage à la hauteur de la tâche, et à la fois,
en eussé-je le savoir, ce que j'ai de temps à vivre ne
suffit pas, je pense, à la longueur d'une telle démons-

tration! *(e)* Rien ne m'empêche toutefois de vous
dire de quoi je me suis convaincu en ce qui concerne
la forme de la terre et en ce qui concerne ses diverses
régions. — Mais, dit Simmias, je n'en demande pas
davantage! — Eh bien! reprit Socrate, ma conviction à moi, c'est, en premier lieu, que, si la terre est
au centre du monde et avec la forme d'une sphère,
elle n'a besoin, pour ne pas tomber, ni de l'air, *(a)*
ni d'aucune autre semblable résistance [97] ; mais il
y a assez, pour la maintenir, de la similitude, en
tous les sens, du monde avec lui-même et de la façon
dont se contrebalancent tous les points de la terre [98],
car pour une chose qui se contrebalance de la sorte,
il n'y aura, du moment qu'elle a été placée au centre
de quelque chose qui possède avec soi-même une
égale similitude, il n'y aura aucune raison pour qu'elle
penche plus ou moins d'aucun côté ; mais, vu cette
similitude générale, la chose demeurera immobile.
Voilà donc de quoi, en premier lieu, je me suis laissé
convaincre. — Et, dit Simmias, c'est en vérité à
bon droit!

« Le second point, maintenant, c'est, dit-il, que
la terre est quelque chose de tout à fait grand, dont
nous, habitants de la région qui va jusqu'aux
colonnes d'Hercule en partant du Phase [99], *(b)*
occupons une petite partie, habitant autour de la
mer, comme, autour d'un marécage, des fourmis ou
des grenouilles ; ailleurs, il y a un grand nombre
d'autres hommes, habitant un grand nombre d'autres
régions pareilles. C'est que, partout sur la terre, il
existe un grand nombre de creux, qui se diversi-
fient de mille façons quant à leur forme et à leur
grandeur, creux dans lesquels tout ensemble sont
venus se déverser eaux, brouillards et air. Quant à

la terre en tant que terre, à la terre pure, c'est dans
la partie pure du monde qu'elle réside, dans celle
précisément où sont les astres, et à laquelle le nom
d'éther est donné *(c)* par la plupart des auteurs qui
ont ordinairement traité ces sortes de questions ;
c'est à titre de sédiments de cet éther que ces choses
viennent, sans arrêt, se déverser ensemble dans les
creux de la terre. Or, nous, ce sont donc ces creux
que nous habitons sans nous en douter, et nous figu-
rant de cette terre habiter la surface supérieure :
semblables à un homme [100] qui, habitant à moitié
du fin fond de la pleine mer, se figurerait habiter la
surface de la mer, et, apercevant à travers l'eau le
soleil et les autres astres, prendrait la mer pour le
ciel ; trop paresseux d'ailleurs et trop faible pour
être jamais parvenu tout en haut de la mer, *(d)* ni
non plus pour avoir, une fois que du sein de cette
mer il aurait émergé, vu, en levant la tête du côté
de cette région-ci, à quel degré justement elle est
plus pure et plus belle que celle où résident encore
ses pareils, pas davantage pour en avoir entendu
parler par un autre qui l'aurait vue! Oui, c'est là,
identiquement, notre condition, à nous aussi : habitant un creux de la terre, nous nous figurons habiter
tout en haut de celle-ci ; et c'est l'air que nous appelons ciel, attendu que c'est à travers cet air, qui est
ainsi notre ciel, que nous suivons le cours des astres ;
identiquement encore notre condition, en ce que,
faibles et paresseux, *(e)* pour cette raison nous
sommes incapables de fendre l'air pour en atteindre
le terme extrême ; et cependant, si l'on en atteignait
le sommet, ou bien que, devenu un être ailé, on se
fût envolé [101], alors on apercevrait en levant la tête,
oui, comme ici-bas les poissons, quand ils lèvent la

tête hors de la mer, voient les choses d'ici, de même on apercevrait celles de là-haut ; à supposer enfin que notre nature fût capable de soutenir cette contemplation, on reconnaîtrait ainsi que là existent, et le ciel authentique, et l'authentique lumière, et la terre selon la vérité ! *(a)* Cette terre-ci en effet, ces roches d'une façon générale toute la région d'ici-bas, tout cela est corrompu, rongé comme le sont par la salure les choses qui sont dans la mer [102] ; dans la mer où il ne pousse rien qui vaille d'être mentionné, où il n'y a, pour ainsi dire, rien qui ait sa perfection, mais des roches évidées, du sable, une masse incroyable de vase, des lagunes dans les endroits où à la mer il se mêle de la terre ; bref, des choses qui ne sont pas le moins du monde dignes d'être appréciées par comparaison avec les beautés de chez nous. Mais, à leur tour, les beautés de là-haut, comparées à celles de chez nous, manifesteraient une supériorité beaucoup plus grande encore. *(b)*

La terre supérieure.

« Si c'est même en effet une belle chose de conter une histoire, cela vaut la peine, Simmias, d'écouter quelle est précisément la réalité des choses existant sur cette terre qui est au-dessous du ciel. — Comment donc, Socrate ! dit Simmias ; mais ce serait pour nous un plaisir d'entendre conter cette histoire-là ! — Eh bien ! reprit-il, voici ce qu'on dit, camarade. En premier lieu, pour ce qui est de l'aspect qu'offrirait cette terre, si on la regardait d'en haut, ce serait à peu près celui d'un ballon bigarré, dans le genre des balles à douze pièces, et dont les divisions seraient

marquées par des couleurs dont les couleurs mêmes
d'ici-bas sont comme des spécimens, particulièrement
celles dont les peintres font usage [103]. *(c)* Or, là-
haut, c'est toute la terre qui est faite de semblables
couleurs, mais beaucoup plus brillantes encore et
plus pures que ne sont celles-là : telle partie en effet
est pourpre et d'une beauté prodigieuse, telle autre
est comme de l'or, une autre est toute blanche et
plus blanche que ne sont la craie ou la neige, et,
pour les autres couleurs, les comportant dans les
mêmes conditions, c'est-à-dire plus nombreuses et
plus belles encore que toutes celles que nous avons
pu voir. C'est que, en effet, les creux de la terre,
qui sont tout pleins d'eau et d'air, se présentent avec
le resplendissement *(d)* d'une sorte de couleur qui,
eu égard à la bigarrure des autres couleurs [104], est
de nature à faire que l'aspect, sous lequel s'y montre
la terre, soit d'une unique sorte : celle d'une bigarrure continue. Dans la terre supérieure, d'autre part,
tels étant ses caractères, c'est en proportion qu'y
pousse tout ce qui pousse : arbres aussi bien que
fleurs et fruits. Les montagnes, à leur tour, y sont à
l'avenant : les pierres y ont dans la même proportion plus de poli, une transparence plus grande et de
plus belles couleurs : pierres, dont aussi ces pierreries
d'ici-bas, que nous nommons précieuses : sardoines,
jaspes, émeraudes, *(e)* et tout ce qui est du même
ordre, sont des parcelles ; mais, si là-haut il n'y a
rien qui ne soit de cette sorte, on y trouve même
encore plus beau que cela ! La raison en est que ces
pierres de là-haut sont pures et ne sont pas mangées,
abîmées, comme le sont les pierres d'ici-bas par la
désagrégation et la salure, sous l'action des subs-
tances qui se déversent ensemble à cet endroit ; pour

les pierres, pour la terre, pour les animaux en outre comme pour les plantes, c'est là en effet ce qui produit de la laideur aussi bien que de la maladie. Mais le terre véritable, à toutes ces beautés dont elle a été ornée ajoute encore l'or, l'argent et tout ce qu'il y a d'autre qui, à son tour, est de même sorte ; *(a)* il y est en effet apparent de nature ; de nombreux gisements, aussi riches qu'étendus, en existent, et sur tous les points de la terre ; si bien que la vue de celle-ci est un spectacle digne de spectateurs bienheureux !

« Sur la terre vivent un grand nombre d'animaux divers et des hommes, qui habitent, les uns dans la partie moyenne de la terre, les autres au bord de l'air comme nous au bord de la mer, d'autres enfin dans des îles [105] que l'air baigne tout à l'entour et qui reposent sur la terre ferme : autrement dit et en un mot, ce que sont pour nous, par rapport à notre utilité, l'eau et la mer, *(b)* voilà ce que l'air est pour ces gens, et ce que l'air est pour nous, c'est l'éther qui l'est pour eux. Leurs saisons, d'autre part, sont si bien tempérées qu'ils sont exempts de maladies et qu'ils vivent beaucoup plus longtemps que les hommes d'ici-bas. Pour la vue, pour l'ouïe, pour la pensée, ainsi que pour tout ce qui est analogue, ils s'éloignent de nous, exactement aussi loin que, sous le rapport de la pureté, l'air s'éloigne de l'eau, et l'éther de l'air. Naturellement aussi ils ont pour les Dieux bosquets consacrés [106] et temples, dans lesquels résident effectivement des Divinités ; ils ont oracles et prophéties, une perception directe de la Divinité, et il s'établit d'autres relations analogues *(c)* entre les hommes et les Dieux. Ajoutez que le soleil, la lune, les astres sont vus par eux tels

que précisément ils sont. Leur félicité est par ailleurs
en harmonie avec ces privilèges [107]. Voilà quel est
donc l'état naturel de la terre dans son ensemble et
de ce qui se rapporte à la terre.

Géographie infernale.

« Quant aux régions qui, à l'intérieur de la terre,
correspondent à ses creux, il y en a un grand nombre
et qui sont disposées circulairement par rapport à
l'ensemble de la terre [108], les unes plus profondes et
qui s'ouvrent plus largement que celle où nous
habitons ; d'autres, plus profondes aussi, ont un
abîme moins étendu que n'est notre propre région ;
(d) d'autres enfin sont à la fois moins longues en
profondeur que n'est le creux de notre résidence,
et en même temps plus larges. Or, toutes ces régions
souterraines sont en beaucoup d'endroits percées de
trous par lesquels elles communiquent entre elles [109],
trous dont l'orifice est plus resserré ou plus élargi,
et elles possèdent en outre des voies de passage. Là
où, des unes dans les autres, s'écoule une grande
quantité d'eau, comme si c'était dans d'immenses
jarres [110], il se forme aussi, sous la terre, d'incon-
cevables longueurs de fleuves qui jamais ne tarissent,
fleuves d'eau chaude et d'eau froide. Il y a, d'autre
part, beaucoup de feu et de grands fleuves de feu.
Enfin il y en a beaucoup aussi, qui sont de boue
liquide, ou plus claire, ou plus bourbeuse ; *(e)* comme
en Sicile, coulent, avant la lave, des fleuves de boue,
et ensuite la lave elle-même. Ces fleuves en outre
doivent arroser chaque région selon le sens que, pour
chacune, vient à prendre dans chaque cas le courant.

Or, ce qui détermine ces mouvements de montée et de descente, c'est une sorte de balancement qui existe à l'intérieur de la terre, et voici quelle est, paraît-il, la cause naturelle de ce balancement.

« Parmi les abîmes de la terre il y en a un qui se distingue précisément par son extrême profondeur, étant percé de part en part *(a)* au travers de la terre entière, celui-là même dont a parlé Homère quand il en a dit [111] : *bien loin, là où, sous la terre, se trouve le gouffre le plus profond;* celui qui, par ailleurs, chez lui aussi bien que chez d'autres poètes, s'appelle le Tartare. De fait, c'est vers cet abîme que convergent les cours de tous les fleuves, et il est inversement le point de départ de leurs cours divergents ; chacun d'eux devant les caractères qu'il prend à la région même de la terre à travers laquelle il coulera. Quant à la cause en vertu de laquelle c'est de là que divergent et là que convergent *(b)* tous les courants, c'est que la matière humide en question n'y trouve pas de fond, pas de point d'appui non plus ; d'où il suit une montée et une descente, le balancement d'une vague qui se soulève. L'air aussi et le souffle qui s'y rapporte font le même mouvement, car ils accompagnent l'eau, aussi bien lorsqu'elle se lance dans la direction de ce côté-là de la terre, que lorsque c'est dans la direction de par ici : de même que, dans la respiration, un cours ininterrompu de souffle fait l'expiration et l'inspiration, de même, là-bas aussi, le souffle, accompagnant le balancement de l'humide, donne lieu à des vents d'une incroyable violence, et quand il entre, et quand il sort. *(c)* En conséquence, tout retrait de l'eau vers le lieu qu'on appelle précisément le bas produit à travers la terre une irritation des trajets que suivent les courants en question et

il y fait le plein, comme on procède quand on arrose.
Dans le cas où au contraire c'est de là que l'eau
s'éloigne et pour se lancer par ici, c'est, au rebours,
dans les trajets des courants de notre région qu'elle
fait le plein ; puis, une fois le plein réalisé, le courant
se met à couler dans son conduit, et, traversant la
terre, il parvient à l'endroit vers lequel il s'est fait
sa route, chaque courant au terme qui est le sien,
produisant ainsi mers et lacs, fleuves et sources vives.
Mais, voici que de nouveau les courants partent de
là pour s'enfoncer dans l'intérieur de la terre, et,
(d) après avoir traversé, les uns des régions plus
étendues et plus nombreuses, les autres, de moins
nombreuses et de plus resserrées, ils se jettent de
nouveau dans le Tartare. Parfois, c'est beaucoup
plus bas que ne s'était faite l'irrigation, parfois un
peu plus bas seulement, mais toujours le courant a
son embouchure au-dessous du point duquel ce
courant a débouché ; dans certains cas le point de
son embouchure est à l'opposite de celui de son
départ, mais dans d'autres cas ils sont tous deux
du même côté. D'autre part, il y en a dont le parcours
est circulaire : après s'être enroulés une ou plusieurs
fois autour de la terre comme des serpents, ils des-
cendent aussi bas que possible se jeter dans le Tartare. Or, s'il est possible, *(e)* d'un côté comme de
l'autre, que la descente se fasse jusqu'au milieu,
elle ne peut aller au-delà, car, pour l'un et l'autre
flot, chacune des deux portions va en montant [112].

« Sans doute existe-t-il un grand nombre d'autres
courants considérables de toute sorte ; mais dans
cette multitude, il en existerait, paraît-il, un certain groupe de quatre, dont le plus considérable,
qui est aussi celui qui coule le plus extérieurement

en décrivant une circonférence, est celui qu'on nomme Océan [113]. En face de lui, et coulant en sens contraire, est Achéron [114] qui, sans parler des diverses régions désertiques qu'il traverse, a naturellement aussi un cours souterrain *(a)* et qui aboutit au lac Achérousias, où parviennent les âmes de la plupart des défunts ; après y être restées leur lot de séjour, les unes un temps plus long, les autres un plus court, de nouveau elles sont renvoyées vers les générations animales. Un troisième fleuve débouche du Tartare à mi-distance des deux autres, et, près de l'endroit où il a débouché, il vient tomber dans une vaste région, brûlée d'un feu abondant, et il forme un lac plus étendu que la mer de chez nous, tout bouillant d'une eau boueuse ; au sortir de ce lac, il s'en va, de fond en comble trouble et boueux, *(b)* et, s'enroulant à la terre, il change de direction et arrive ainsi à l'extrémité du lac Achérousias, sans se mêler à son eau ; enfin, après s'être enroulé un grand nombre de fois, il vient se jeter dans une partie plus basse du Tartare : ce fleuve est celui qu'on appelle Pyriphlégéthon [115] dont les laves soufflent et projettent des fragments aux points où il arrive qu'elles atteignent la terre. En face, maintenant, de ce fleuve, débouche le quatrième, et, pour commencer, dans une région dont on rapporte qu'elle est affreusement sauvage et que la coloration en est universellement telle que celle du lapis-lazuli [116] ; *(c)* région qu'on nomme stygienne, Styx étant le lac formé par ce quatrième fleuve et dans lequel il se jette ; une fois qu'il y est tombé et qu'il a reçu de son eau des propriétés terribles, il s'enfonce de nouveau sous la terre, et ses enroulements progressent inversement de ceux du Pyriphlégéthon, à la rencontre duquel il s'avance sur le bord opposé du lac Achérousias, et sans que, non plus, l'eau de celui-ci se mêle à aucune goutte de son eau ; ce fleuve d'ailleurs termine aussi son trajet circulaire en se jetant dans le Tartare, à l'opposite du Pyriphlégéthon ; le nom de ce fleuve, d'après les poètes, est Cocyte [117]. *(d)*

Sanctions.

« Or, toutes choses étant de nature ainsi disposées, les défunts, une fois parvenus au lieu où chacun d'eux est amené par son Démon, y sont d'abord jugés, aussi bien ceux qui ont eu une belle et sainte vie, que ceux dont ce ne fut pas le cas. Ceux dont il aura été reconnu qu'ils ont eu une vie moyenne sont mis en route vers l'Achéron, montés sur des barques affectées, bien entendu, à leur transport [118] et sur lesquelles ils parviennent au lac ; là est leur résidence, le lieu où, purifiés, payant la peine de leurs injustices, ils sont absous de celles qu'ils ont pu commettre; ou bien ils sont récompensés de leurs bonnes actions, *(e)* chacun obtenant de l'être proportionnellement à son mérite [119]. Ceux, d'autre part, dont il aura été reconnu que leur cas est incurable, vu la grandeur de leurs fautes, auteurs de pillages nombreux et importants commis dans les temples, auteurs de nombre d'homicides, injustement et illégalement commis, ou de tous les autres forfaits qu'il peut bien y avoir encore en ce genre, le lot qui leur convient les lance au Tartare, et de là jamais ils ne sortent [120]. Quant à ceux dont on aura reconnu que les fautes qu'ils ont commises ne sont pas sans remède (ainsi ceux qui, sous l'empire de la colère, se sont rendus coupables de quelque violence envers leurs père et mère, mais qui en ont eu le remords pendant le reste de leur vie, *(a)* ou ceux qui, dans un autre état analogue, sont devenus homicides), pour ceux-là, forcément, c'est au Tartare qu'ils ont été précipités ; puis, une fois précipités dedans et après y avoir passé un laps de temps considérable, la vague les rejette, les homicides au fil du Cocyte, et ceux qui ont fait violence à leur père ou à leur mère, au fil du Pyriphlégéthon ; lorsque le courant de ces fleuves les a portés contre le lac Achérousias, rendus là, à grands cris ils appellent, les uns ceux qu'ils ont fait périr, les autres, ceux qu'ils ont maltraités, et, après les avoir appelés, ils les supplient, ils leur demandent *(b)* de les laisser sortir du fleuve pour passer dans le lac et de les y recevoir ; s'ils ont pu les convaincre, ils passent, mettant ainsi un terme à leurs peines ; si c'est le contraire, ils sont de nouveau ramenés vers le Tartare et, de là, encore dans les fleuves : traitement qui ne finit pas pour eux avant qu'ils aient convaincu les victimes de leurs injustices ; car telle est la peine que leur ont assignée les Juges.

« Mais parlons maintenant de ceux dont il a été reconnu que leur vie a été exemplaire sous le rapport de la sainteté : ce sont ceux qui, ainsi que de prisons, se sont libérés, dégagés de ces lieux intérieurs à la terre, *(c)* eux qui, parvenus vers le haut jusqu'à la pure résidence, résident ainsi sur le dessus de la terre. Or, parmi ces défunts mêmes, ceux qui, par la philosophie [121], se sont purifiés comme il faut, vivent complètement sans corps pendant tout le temps qui suit ; ils parviennent en outre à des lieux de résidence, plus beaux encore que les précédents [122] ; mais, pour

les décrire, il me manque, et les moyens de le faire
aisément, et, dans la circonstance présente, le temps
qu'il y faudrait.

La leçon du Mythe.

« Eh bien! Simmias, c'est précisément en vue des
choses que nous avons en détail exposées, qu'il
faut tout faire pour, en cette vie, participer à la
vertu et à la pensée ; car la récompense est belle
et grandiose l'espérance! *(d)* Sans doute ne convient-
il pas à un homme qui réfléchit, de vouloir à toute
force qu'il en soit de cela comme je l'ai exposé ;
que cependant ce soit, pour la condition de nos
âmes et leurs résidences, cela même ou quelque
chose d'analogue, voilà, dans l'hypothèse justement
de l'évidence de l'immortalité de l'âme, l'affirmation
que, selon moi, il convient de soutenir à toute force
et voilà le risque qui mérite d'être couru par celui
qui a la conviction de cette immortalité ; c'est en
effet un beau risque et dans une conviction de cette
sorte il y a comme une incantation qu'on doit se
faire à soi-même : c'est justement pourquoi (oui,
et même depuis longtemps!) je prolonge cette histoire. Eh bien! je le répète, c'est en vue de ces choses
qu'il doit avoir confiance, en ce qui regarde son âme
à lui, l'homme qui, dans sa vie, a donné congé à
tout ce qui est un plaisir *(e)* concernant le corps,
à ce qui est en une parure, comme à des choses
auxquelles il est étranger et qu'il a jugées plus
propres à produire l'opposé. Les plaisirs, au contraire,
qui ont rapport à l'acquisition du savoir, il leur a
consacré ses soins, et ainsi, ayant paré son âme d'une

parure qui, au lieu de lui être étrangère, est sa parure
à elle, je veux dire de tempérance, de justice, de
courage, de liberté, *(a)* de vérité : c'est dans ces
conditions qu'il attend de pied ferme l'instant de
se mettre en route pour les demeures d'Hadès,
prêt à faire cette route quand son destin l'y appel-
lera [123]. Aussi bien, ajouta-t-il, pour vous, Simmias,
Cébès, pour vous tous, ce sera un autre jour, je ne
sais en quel temps, que chacun fera cette route ;
quant à moi, voici que maintenant, comme dirait
un héros de tragédie, déjà, m'appelle mon destin !

« Peu s'en faut même que ce ne soit pour moi
l'heure de me diriger vers le bain : il vaut mieux en
effet, me semble-t-il, boire le poison une fois que je
me serai lavé, et ne pas donner aux femmes la peine
de laver un mort ! » Comme Socrate prononçait ces
paroles, Criton intervint : « Eh bien mais, Socrate !
dit-il ; *(b)* qu'ordonnes-tu, à ceux-ci ou à moi, soit
au sujet de tes enfants, soit à propos d'autre chose ?
En le faisant pour toi, c'est par amour surtout que
nous le ferions ! — Ce que je vous ordonne ? répliqua-t-il. Exactement, Criton, ce que je ne cesse
pas de dire, et rien de plus nouveau : que vous ayez,
vous, souci de vous-mêmes, et ainsi, pour moi, pour ce
qui est mien, pour vous-mêmes, vous ferez par amour
tout ce qu'il vous arrivera de faire, quand bien
même, à présent, vous ne vous y seriez pas engagés !
Mais, si vous n'avez pas souci de vous-mêmes, si
vous ne consentez pas à vivre en suivant, comme à
la trace, la leçon de nos entretiens, de ceux d'aujour-
d'hui comme de ceux du temps passé, alors, et quel
qu'ait pu être le nombre de vos engagements actuels,
(c) quelle qu'ait pu en être la force, vous n'y gagne-
rez absolument rien ! — Eh bien, soit ! repartit

Criton, nous mettrons à faire ainsi tout notre zèle.
Mais encore, de quelle façon faut-il que nous t'ense-
velissions ? — Comme il vous plaira! dit il ; à condition, il est vrai, que vous vous saisissiez de moi et
que je ne fuie pas de vos mains! » Tout en disant
cela, il se mit à rire doucement, et, tournant de
notre côté son regard : « Amis! dit-il, je ne réussis
pas à convaincre Criton que moi, je suis ce Socrate
qui, en ce moment, converse avec vous et qui met
en ordre chacun de ses propos ; il croit au contraire
que moi, c'est cet autre Socrate qu'un peu plus tard
il verra mort, et il demande, *(d)* voyez-vous, comment
il faudra qu'il m'ensevelisse! Quant à ce qui, depuis
longtemps, a été l'abondante matière de mon discours : que, après que j'aurai bu le poison, je ne
demeurerai plus auprès de vous, mais que je partirai,
m'en allant vers des félicités qui sont certainement
celles des Bienheureux, tout cela, je pense, est pour
lui paroles en l'air, destinées en même temps à vous
réconforter, et, en même temps, à me réconforter
moi aussi. Donnez-moi donc envers Criton, poursuivit-il, une garantie inverse de celle dont il fut pour
moi le garant envers mes juges : par serment, il
garantissait en effet que je resterais ; à vous de
garantir par serment que je ne resterai pas, mais
qu'au contraire je partirai, je m'en irai *(e)*, ce qui
permettra à Criton de mieux supporter la chose,
ce qui l'empêchera, en voyant brûler ou enterrer
mon corps, de s'irriter pour moi, à la pensée de tout
ce que j'endure d'effroyable, et de dire, au cours de
la sépulture, que c'est Socrate qu'il expose, Socrate
qu'il transporte, Socrate qu'il enterre! Sache-le
bien en effet, excellent Criton : une expression vi-
cieuse ne détonne pas uniquement par rapport à

cela même qu'elle exprime, mais cause encore du mal dans les âmes. Eh bien non! il faut garder ton sang-froid, il faut dire que ce que tu ensevelis, c'est mon corps, (a) et l'ensevelir de la façon que cela te plaira et que tu estimeras la plus conforme aux usages. »

ÉPILOGUE

La mort de Socrate.

Sur ces mots, Socrate se leva, se dirigeant vers une autre chambre pour s'y baigner ; Criton le suivit, nous recommandant de rester où nous étions. Aussi restâmes-nous à nous entretenir entre nous des propos qui s'étaient tenus et à en reprendre l'examen ; mesurant alors aussi, d'autre part, l'étendue du malheur qui était venu nous frapper ; jugeant que c'était tout bonnement d'une sorte de père que nous étions privés et que nous passerions, tels des orphelins, le reste de notre vie! Quand il eut fini de se baigner (b) et qu'on eut amené près de lui ses enfants (il en avait en effet deux tout petits et un autre déjà grand [124]) ; que furent arrivées aussi les femmes de sa famille [125], avec lesquelles il s'entretint en présence de Criton et auxquelles il adressa certaines recommandations concernant ses dernières volontés, il donna l'ordre alors de faire se retirer les femmes et les enfants, tandis qu'il revenait, lui, de notre côté.

Déjà on était près du coucher du soleil, car Socrate était resté longtemps dans cette chambre.

Aussitôt arrivé [126], il s'était assis, et, après cela, on ne se dit plus grand-chose. Le Serviteur des Onze arriva et, se plaçant devant Socrate : *(c)* « Je ne te reprocherai pas, dit-il, Socrate, ce que précisément je reproche aux autres, de se fâcher contre moi et de me maudire, quand, sur l'ordre des Magistrats, je leur enjoins de boire le poison. Mais toi, sans parler des occasions que j'ai eues, pendant ton emprisonnement, de te reconnaître pour le plus généreux, le plus facile, le meilleur de tous les hommes qui sont jamais venus ici, je me rends bien compte que, même aujourd'hui cela se voit, contre moi tu n'es pas fâché, connaissant en effet les auteurs [126] de ta mort, mais bien contre ceux-ci! Maintenant donc, car tu n'ignores pas ce que je suis venu t'annoncer, adieu! et tâche de n'avoir pas trop de peine à supporter l'inévitable! » *(d)* Et, comme, en même temps, il s'était mis à pleurer, s'étant détourné, il s'en alla. Socrate, levant alors les yeux vers lui : « A toi aussi, adieu! dit-il. Ce que tu as dit, nous le ferons [127]! » Ce disant, il se tourna vers nous : « Quelle civilité, dit-il, chez cet homme! Pendant tout le temps que j'ai passé ici, il venait me voir et, parfois, il s'entretenait avec moi : c'était la perle des hommes ; et, aujourd'hui, avec quelle générosité il me pleure! Allons, Criton! mettons-nous en devoir de lui obéir! Qu'on apporte le poison, s'il est broyé ; s'il ne l'est pas, fais-le broyer par celui dont c'est l'affaire! »

Alors Criton : « Mais, *(e)* dit-il, je crois bien, Socrate, pour ma part, que le soleil est encore sur les montagnes et qu'il n'est pas encore couché [128]. Et, tout ensemble, je n'ignore pas non plus qu'il y en a d'autres qui ont bu le poison longtemps après

qu'on le leur eut enjoint, et non sans avoir bien
mangé et bien bu, quelques-uns même après avoir
eu commerce avec les personnes dont ils avaient
d'aventure envie. Allons! ne te presse pas, puisqu'il
te reste encore du temps! — En vérité, Criton,
repartit Socrate, ils ont bien raison, les gens dont
tu parles, de faire ce que tu dis, car ils pensent qu'ils
gagneront à le faire! Quant à moi, c'est aussi avec
raison que je ne le ferai pas, car je ne crois pas que
j'y gagne, (a) en buvant un peu plus tard le poison,
sinon de me prêter à rire de moi-même, en m'englu-
ant ainsi dans la vie et en l'économisant alors qu'il
n'en reste presque plus! Allons! allons! obéis-moi,
dit-il, et cesse de me contrarier! »

En entendant cela, Criton fit un signe à un serviteur qui se tenait dans le voisinage. Le serviteur
sortit, et, après un bon bout de temps, il revint en
amenant l'homme qui devait donner le poison ; il
le portait, tout broyé, dans une coupe. En le voyant:
« Eh bien! lui dit Socrate, c'est toi, mon bon, qui, en
ces matières, as la compétence! Que faut-il que je
fasse? — Rien d'autre, répondit-il, que, après avoir
bu, de circuler dans la chambre, jusqu'à ce que tu
sentes de la pesanteur dans tes jambes, et,
ensuite, de t'étendre. (b) De cette façon il agira. »
En même temps il tendit à Socrate la coupe. Celui-ci
la prit, et, avec une parfaite bonne humeur, Échécrate, sans que sa main tremblât, sans que ni la
couleur ni les traits de son visage en fussent davantage altérés ; mais, à son habitude, regardant avec
ses yeux de taureau et un peu en dessous [129] dans
la direction de l'homme : « Qu'en dis-tu? fit-il ; pour
ce qui est, à l'égard de ce breuvage, de faire à quelque
Divinité une libation, la chose est-elle permise? ou

ne l'est-elle pas? — Socrate, répondit-il, nous en broyons juste autant que nous jugeons nécessaire qu'on en boive. — Je comprends! dit-il. Au moins est-il permis pourtant, je pense, *(c)* et aussi bien, obligatoire, de faire aux Dieux une prière pour que se passe heureusement ce changement de résidence, d'ici là-bas. C'est donc la prière que moi-même je fais, et puisse-t-il en être ainsi! » Et, à peine avait-il prononcé ces mots que, tout d'un trait, sans faire de façons du tout, sans montrer le moindre dégoût, il vida complètement la coupe.

Jusqu'à ce moment, la plupart d'entre nous avaient assez bien réussi à nous retenir de pleurer. Mais, quand nous le vîmes en train de boire, quand nous vîmes qu'il avait bu, plus moyen! mais, malgré mes efforts, je dus, moi-même aussi, laisser courir le flot de mes larmes; si bien que, la tête voilée, je versais des pleurs sur moi-même, non pas en effet, bien entendu, sur lui, mais sur mon sort à moi, *(d)* qui serais privé de la familiarité d'un pareil homme! Quant à Criton, comme, encore plus tôt que moi, il avait été incapable de contenir ses larmes, il s'était levé pour s'éloigner. Apollodore, lui, qui, même auparavant, ne s'arrêtait pas un instant de pleurer, s'étant, naturellement, mis alors à mêler des rugissements à ses pleurs et à l'expression de sa colère, il n'y eut personne, parmi ceux qui étaient là, dont il ne brisât le courage, sauf, il est vrai, de Socrate lui-même! Mais alors celui-ci : « Que faites-vous là, dit-il, hommes extraordinaires! Et pourtant, si j'ai renvoyé les femmes, ce n'est pas pour une autre raison, pour empêcher que l'on ne détonnât de pareille façon! Car, je l'ai ouï dire, c'est en évitant les paroles de mauvais augure *(e)* qu'il faut

achever de vivre. Allons! du calme, de la fermeté! »
En entendant cela, nous eûmes grand-honte et nous
nous retînmes de pleurer.

Quant à lui, il continuait de circuler, quand il
nous dit qu'il sentait s'appesantir ses jambes ; il
s'étendit alors sur le dos, ainsi qu'en effet le lui
avait recommandé l'homme [130]. Celui-ci, dans le
même temps, posait sur lui la main et lui examinait
par intervalles les pieds et les jambes ; lui ayant
ensuite fortement pressé le pied, il lui demanda s'il
le sentait. Socrate répondit que non. *(a)* Après
quoi, l'autre en fit de nouveau autant pour le bas
des jambes, et, remontant de la sorte, il nous fit
voir qu'il se refroidissait et devenait raide. En le
touchant lui-même, il dit que, lorsque cela se serait
produit au voisinage du cœur, à ce moment il parti-
rait. Or, presque toute la région du bas-ventre
s'était déjà refroidie. A ce moment, il se découvrit
le visage, qu'il s'était en effet couvert, et prononça
ces mots, les derniers effectivement qui soient sortis
de ses lèvres : « Criton dit-il, à Asclépios nous sommes
redevables d'un coq! Vous autres, acquittez ma
dette! n'y manquez pas [131]! — Mais oui! dit Criton,
ce sera fait! Vois cependant si tu n'as rien d'autre
à dire. » A la question de Criton il ne répondit plus
rien ; mais, après un court intervalle, il eut un mouvement convulsif, et l'homme lui découvrit le visage :
son regard était immobile ; ce que voyant, Criton
lui ferma la bouche et les yeux.

Voilà, Échécrate, quelle fut la fin de notre ami, de
l'homme dont volontiers nous dirions nous autres
que, entre ceux de ce temps que nous avons pu
éprouver, il a été le meilleur, et, en outre, le plus
sage et le plus juste.

Notes

1. Sur les cosignataires de l'accusation, cf 23 *e*. Anytos était un riche tanneur, qui avait, à la suite du rôle joué par lui dans le renversement de la tyrannie des Trente, acquis dans le parti démocratique une situation importante. Il est un des personnages du *Ménon*, 90 *b*-95 *a*.

2. Ce sont les éléments principaux de la peinture caricaturale que, dans les *Nuées*, Aristophane a faite de l'activité de Socrate. Il est clairement désigné au début de *d* et nommé à 19 *c*. Mais on voit, par la suite, que Platon vise aussi les jugements de « la conscience collective », les opinions qui ont cours et qu'on admet sans critique. Le procès de Socrate est de 399, les *Nuées*, antérieures de vingt-cinq ans : si les juges de Socrate ont entendu dire cela de lui dans leur enfance ou leur adolescence, ce n'est pas au théâtre où ils n'étaient point admis à cet âge, mais comme imprégnés par tous ces on-dit.

3. Le crime d' « impiété », chef d'accusation, à Athènes grave entre tous, entraînait la peine capitale (cf. ici 26 *d* et 35 *d*).

4. Étant le premier signataire de la plainte, il est le principal accusateur, celui auquel, seul, Socrate s'adressera, 24 *b* sqq. Que ce fût un poète, on n'en peut douter (cf. 23 *e*), mais non peut-être le poète tragique mentionné par Aristophane dans les *Grenouilles* (v. 1302).

5. Serment réciproque, l'accusateur s'engageant à soutenir sa plainte, l'accusé s'engageant à essayer de se justifier *(antômosia)*. Socrate se conforme, dans ce cas fictif, aux règles de la procédure criminelle.

6. Installé dans une corbeille suspendue à une corde.

7. Celui de dénigrer cette science, de l'infra-terrestre, comme du supra-terrestre.

8. Ce sont les plus célèbres de ces sophistes qui, contre des rémunérations importantes, se faisaient forts d'éduquer les citoyens dans l'art de la parole.

9. Cinq cents drachmes (soit un peu moins de 500 francs or), ce qui était le salaire d'un très bon serviteur. D'où la réflexion que va faire Socrate un peu plus loin, en jouant d'ailleurs sur le double sens de « mesure » : à la fois « modération » et « accord avec le rythme ».

10. Cf. le début du *Charmide* et celui du *Gorgias*. C'était un des membres les plus fervents du cercle socratique, un de ceux qui, comme l'Apollodore du *Phédon* et du *Banquet*, renchérissaient sur l'ascétisme du Maître ; ridiculisé au passage par Aristophane dans les *Nuées* (503) et dans les *Oiseaux* (1296, 1564) où il est appelé « la chauve-souris ». Ce qui est dit plus loin indique qu'il appartenait au parti démocratique. A noter que, au temps de la tyrannie des Trente, il ne suivit pas l'exemple de Socrate, puisque celui-ci resta alors dans Athènes ; cf. ici, 32 *cd*.

11. Ce qui vise, évidemment, Anytos; cf. note 1.

12. Sans doute un politique d'un parti opposé à celui du précédent.

13. Cf. *Ménon*, 99 *b-d* (où le cas des politiques est assimilé comme ici à celui des poètes), *Phèdre*, 245 *a*, et aussi *Ion*.

14. Le gouvernement de l'État en régime démocratique; cf. par exemple *Protagoras*, 319 *cd*, 322 *e* sq., 324 *c*.

15. Mais non des orateurs politiques, ainsi qu'on comprend ordinairement, car on ne trouve pas trace, dans l'histoire, d'un Lycon « démagogue », c'est-à-dire orateur parlant devant l'Assemblée du Peuple. Plus vraisemblablement, à mon avis, c'est un orateur en chambre, faiseur de discours destinés à être lus en public, bref un maître de rhétorique ou un *logographe* (cf. *Phèdre*, 257 *c* sqq), comme Lysias ou Isocrate. — Pour les deux autres, cf. notes 1 et 4.

16. Le texte de la plainte, chez Xénophon et chez Favorinos, ne diffère que par le renversement de l'ordre des accusations et par l'addition du mot « introduire (des Divinités nouvelles) ».

17. Dans le nom de Mélètos, on trouve la même racine *(mel)* que dans les mots grecs signifiant qu'on a souci de quelque chose : calembour intraduisible qu'on retrouve à *d* et ailleurs encore.

18. Il n'y a pas de « ministère public », ni d'avocats au sens moderne ; mais chacune des deux parties a le droit de poser des questions à l'autre, qui est obligée d'y répondre (cf. 25 *d*).

19. Qui rendent meilleure la jeunesse.

20. Le Conseil des Cinq Cents, la *Boulè*. L'Assemblée du Peuple, l'*Ecclèsia*, dont il est ensuite question, comprend tous les citoyens, les *ecclésiastes*, dit ici Platon.

21. On ne doutait pas que ce fussent des Dieux, quoiqu'ils ne fussent pas l'objet d'un culte public (cf. *Cratyle*, 297 *cd*) ; la prière de Socrate au Soleil, dans *Le Banquet*, 220 *d*, est une singularité du personnage. Quant à Anaxagore, la conception qu'il se faisait du soleil et de la lune fut en effet un des motifs du procès d'impiété qui lui fut intenté et à l'issue duquel il n'échappa que par la fuite (cf. note 3). En confondant Socrate avec Anaxagore, Mélètos montre clairement qu'il a été inspiré par les anciennes accusations (cf. 19 *b* déb.). La tradition donne cependant pour maître à Socrate, dans la première période de sa carrière, Archélaos d'Athènes, disciple lui-même d'Anaxagore.

22. Peu vraisemblablement la partie du théâtre où le chœur évoluait. On voit dans le *Lexique* de Timée (ve s. ap. J.-C.) que ce mot désignait aussi une partie de la place publique où s'élevaient les statues d'Harmodios et d'Aristogiton (cf. *Le Banquet*). Inutile de souligner l'intention narquoise relative au bon marché de ces livres.

23. Primitivement « Démon » signifie une Divinité ; plus tard, un être surhumain, qui n'est, ni à proprement parler un Dieu, ni non plus un Héros. Cf. la doctrine du *Banquet*, 202 *e* sqq.

24. Ainsi Héraclès (Hercule) est né d'Alcmène et de Zeus ; Dionysos (Bacchus), de Sémélè, la fille de Cadmos, et de Zeus. Quant aux Nymphes, elles sont elles-mêmes Divinités, mais de seconde classe.

25. Citation libre de *L'Iliade* (XVIII, 94 sqq.), traduite en partie d'après P. Mason (coll. Guill. Budé).

26. Pour ceci et ce qui suit, comparer *Phédon*, surtout 61 *d*-62 *c*.

27. Voir *Le Banquet*, 219 *e*, 220 *e* sq.

28. Cf. 23 *c* déb. et *Phédon*, 85 *b*.

29. Le singulier, Socrate pensant sans doute non à Mélètos, le principal accusateur cependant, mais à Anytos, en raison de son acharnement (cf. 29 *c*, 30 *b*, 31 *a*).

30. Cf. *Criton*, 44 *b*.

31. Ce sens paraît préférable à celui d' « éperon » : il est plus naturel en effet de tirer d'un être vivant l'image désirée ; ensuite, au début de 31 *a*, Socrate dit qu'il s'installe *partout*, piquant par conséquent la Cité en n'importe quel point, ce qui n'est pas le cas des éperons ; enfin, *ibid.*, la « tape » donnée ne peut s'appliquer qu'au taon.

32. Dans la démocratie athénienne, chacune des dix tribus envoie cinquante prytanes qui constituent — durant un dixième de l'année — la délégation permanente du Conseil (la *Boulè*), elle-même émanation de l'Assemblée (l'*Ecclèsia*).

33. La victoire des Iles Arginuses, en 406.

34. La *Tholos*, salle circulaire dans le Prytanée, où les Prytanes prenaient en commun leur repas, et que les Tyrans s'étaient appropriée. — Un Mélètos, qui pourrait être le nôtre, était mêlé à l'affaire.

35. Établie en 404, la tyrannie des Trente ne dura que huit mois.

36. Critias, le chef des Trente, Charmide qui les avait servis, avaient fréquenté Socrate. Peut-être a-t-il en vue aussi Alcibiade (cf. *Banquet*, surtout 216 *a-c*).

37. Ou bien : « et, si on le souhaite, à écouter ce que je puis avoir à dire en réponse ».

38. *Criton*, 44 *ab* ; .*Phédon*, 60 e-61 *b*.

39. Pour le premier nommé et pour son fils, voir *Criton*, *Euthydème*, *Phédon* ; Eschine (cf. *Phédon*, 59 *b*), qui ne doit pas être confondu avec l'orateur, rival de Démosthène, avait composé des dialogues socratiques dont il ne reste que de misérables fragments ; Épigène (cf. *Phédon*, ibid.) ; Théagès (cf. *La République*, VI, 496 *bc*) ; Adimante (cf. *La République*) ; Apollodore (cf. *Phédon* et *Le Banquet*). L'intervention de Théodote serait évidemment celle d'un socratique très fervent ; de lui, non plus que de la plupart des autres, nous ne savons à peu près rien. Antiphon, bien entendu, n'est pas l'orateur de ce nom.

40. *Odyssée*, XIX, 163 : paroles de Pénélope à Ulysse, déguisé en mendiant. Vers proverbial qu'on retrouve, diversement accommodé, dans *La République* (VIII, 544 *d*) et dans *Phèdre* (275 *b*).

41. Cf. *Phédon*, 60 *a*, 116 *b*. L'aîné de Lamproclès qui chez Xénophon (*Mémorables*, II, 2) vient se plaindre à Socrate de l'humeur acariâtre de sa mère.

42. Les manuscrits sont en désaccord. On peut comprendre avec une autre leçon : « on a fait à quelqu'un la réputation d'être Socrate qui l'emporte sur... »

43. Socrate fait mine ici, par dérision, de répartir entre les trois accusateurs le nombre des voix. Mais toute la question est obscure et fort débattue. Un de nos meilleurs manuscrits peut en effet autoriser à lire « trois » où d'autres, non moins dignes de foi, donnent « trente ». D'autre part, il faut se rappeler que l'égalité des suffrages entraînait l'acquittement. A supposer qu'il y eût 500 juges (chiffre assez normal), on pourrait admettre la condamnation par 280 voix contre 220, d'où il suit qu'un déplacement de 30 voix donnait

250 contre 250. Ainsi, chacun des trois accusateurs aurait obtenu pour son compte moins du cinquième du nombre total des voix.

44. De ce que doit être *en droit* l'État, et non de l'administrer tel qu'il est *en fait*.

45. Dans un débat contradictoire l'usage était que l'accusateur proposât la peine la plus forte et que l'accusé en proposât une assez voisine, mais moins dure. Par sa proposition, Socrate manifeste donc déjà sa volonté délibérée de ne pas agir comme un accusé ordinaire et de ne pas éviter la mort.

46. Chez les Lacédémoniens, par exemple.

47. Leur magistrature était annuelle. Sur les Onze, cf. *Phédon*, 59 *e*, 116 *b*.

48. Le mot grec est *diatribè*, qui, du sens de « emploi du temps », est passé à celui de « conversation », puis d'entretien spécialement philosophique, de leçon accompagnée d'apostrophes aux auditeurs, et, par suite, de sermons injurieux et truculents comme étaient les *diatribes* des philosophes Cyniques.

49. Exactement comme quand, au cours de son enquête, Socrate *simule* une ignorance radicale pour faire parler ceux qui se disent savants (voir par exemple 20 *de*, 21 *bd*, 22 *c*, 23 *ab*). C'est ce qu'on a appelé depuis, *l'ironie* socratique, mais c'est anticiper que de traduire ici par « ironiquement » (cf. *Le Banquet*, 216 *e*).

50. Cent drachmes.

51. Quatre-vingts voix se seraient, dit-on, ajoutées à celles qui s'étaient prononcées pour la culpabilité.

52. Comparer *Phédon*, 84 *e*-85 *b*.

53. Tous ces fervents du cercle socratique, passionnés d'imiter son exemple, ainsi, entre autres, Apollodore au début du *Banquet*, 172 *e* sq., 173 *cd*.

54. Les Onze. Vraisemblablement les Juges ne sont pas libres de s'en aller avant que le Président ait levé la séance.

55. Jusqu'à présent, Socrate, en s'adressant à la Cour, a dit tantôt : « Athéniens », tantôt « Hommes » (ce que j'ai rendu par « Citoyens », faute d'oser écrire « Messieurs ») ; en donnant « Juges », comme on le fait ordinairement, pour équivalent de l'expression « citoyens juges » dont se sert ici Platon, il devient bien difficile de rendre l'intention, très précise, de l'auteur.

56. Sur tout ce qui suit, comparer *Phédon*. La seconde alternative se rapporte aux croyances orphiques.

57. Le Roi de Perse, symbole pour un Grec de la suprême félicité humaine.

58. Nulle part ailleurs, Triptolème n'est joint aux trois juges

traditionnels. Mais c'est un fait que, sur des vases antiques, il tient, au Tribunal des Morts, le siège de Minos.

59. Une légende, souvent exploitée par les tragiques (dans des pièces perdues) et par les rhéteurs (Gorgias, par exemple), voulait que Palamède eût été victime d'une abominable machination montée contre lui par Ulysse, et condamné à mort pour trahison. Différent est le cas d'Ajax : un suicide, motivé toutefois par le jugement qui avait, injustement selon lui, attribué à Ulysse les armes d'Achille qu'il réclamait.

60. Agamemnon, Ulysse, Sisyphe sont évidemment, le premier en raison de son orgueil, le second de ses ruses, le troisième de sa fourberie, des exemples de ceux qui se croient sages et ne le sont pas.

61. Comparer *La République*, X, 613 *ab*.

CRITON

1. Cf. *Phédon*, 58 *a-c*.
2. Les vents défavorables (cf. *Phédon*, ibid.) l'empêchant de doubler le cap.
3. Les Onze, magistrats assurant la police à Athènes et chargés, entre autres, de veiller aux exécutions capitales.
4. *Iliade*, IX, 363 : paroles adressées à Agamemnon par Achille, qui menace de rentrer chez lui. Le songe ayant précédé le lever du présent jour, ces paroles signifient pour Socrate qu'il mourra le surlendemain.
5. Comparer *Phédon*, 117 *c* fin.
6. C'est la doctrine du *Petit Hippias* : si la capacité n'a d'autre fondement légitime que le savoir, une faute, qui n'est pas une erreur, suppose le savoir corrélatif de ce qu'il était correct de faire.
7. Les délateurs (cf. *République*, I, 340 *d*).
8. Voir *Phédon* ; les autres, que Criton ne nomme pas, sont vraisemblablement tous ceux qui, le dernier jour, seront auprès de Socrate, ou dont la présence eût paru naturelle ; peut-être même Échécrate et les Pythagoriciens du cercle de Phlionte.
9. Cf. *Apologie* : 37 *c-e*.
10. Comme tant d'autres, Socrate aurait pu s'enfuir avant le procès ; au lieu de se défendre comme il l'a fait, il aurait pu confier à un « logographe » (cf. *Phèdre*, n. à 267 *c*) le soin de composer pour

lui un plaidoyer astucieux. Les derniers mots semblent bien impliquer l'idée du dénouement de l' « action » dans une tragédie.

11. Criton, on le voit, table encore sur les renseignements qu'il a reçus, et non sur la révélation du songe (cf. 43 *d* sq.).

12. Une inscription au bas d'un buste de Socrate a fait penser qu'il fallait lire : « non pas *pour la première fois* aujourd'hui ».

13. En tant que cet exercice fait partie d'un régime ou d'une hygiène (cf. p. ex. *Protagoras*, 312 *b*, ou *Gorgias*, 464 *b* sqq.).

14. Socrate se réfère à ce qu'il ne cesse de répéter en toute occasion, ce qu'il a déjà dit dans l'*Apologie*, 29 *d*-30 *b* ; ce qu'il répétera le jour de sa mort, dans *Phédon*, 82 *d* déb., 107 *c*, 115 *b* ; le dernier texte illustre particulièrement bien le sens du présent passage.

15. Ici ces mots suspects : « comme nous venons précisément de le dire ». Or rien de semblable n'a été dit. La suite montre clairement que Socrate se réfère à des conversations qu'en tout temps, dans le passé, il a eues avec Criton.

16. Le terme grec employé ici est celui qui s'applique proprement à la fuite d'un esclave (cf. ici 52 *d* déb., 53 *d*, et *Protagoras*, 310 *c*) ou à la désertion d'un soldat.

17. Quand l'abrogation d'une loi était proposée, on donnait à la loi existante une sorte d'avocat officiel chargé de la défendre devant l'Assemblée du Peuple.

18. Le futur est plus probable, quoique la plupart des éditeurs prennent pour un présent le verbe grec employé ici.

19. Voir *République*, livres II (376 *e* sqq.) et III (403 *c* sqq.).

20. Il s'agit ici de la *docimasie* par laquelle, à dix-huit ans, avant les deux années du service militaire, l'*éphèbe* est investi de ses droits civiques.

21. Non plus dans une colonie d'Athènes, mais une ville d'un autre État.

22. Ici encore, comme à 50 *c*, le sens du futur est préférable à celui du présent.

23. Les Jeux isthmiques, qui se célébraient à Corinthe.

24. Cf. *Apologie* 28 *e* ; *Phèdre*, 230 *d*, déb.

25. Cf. *Apologie*, 37 *c* sqq.

26. En tant que ce sont des législations non démocratiques.

27. Le futur, comme à 50 *c* et à 51 *e*.

28. C'est-à-dire auprès de Simmias et de Cébès (cf. 45 *b*), ou bien auprès d'Euclide (cf. *Phédon*, 99 *a*). Quant à l'appréciation qui suit, sur la qualité de leur législation, c'est celle des Lois elles-mêmes, puisque dans ces villes Socrate sera suspect, disent-elles, d'être un révolutionnaire (cf. *c*).

29. Comme en portent les esclaves et les campagnards.

30. Socrate imiterait l'exemple de Simonide, flattant les princes dont il est l'hôte (cf. *Protagoras*, 339 *ab*, 345 *d*, 346 *b*).

31. Cf. *Apologie*, 41 *a*.

32. Cf. *Ion*, 535 *e* sq., 536 *c* ; *Euthydème*, 277 *d* sqq. ; *Le Banquet*, 215 *e*. Sur l'effet psychologique dont parle Socrate, cf. *Ménexène*, 235 *c*.

PHÉDON

1. La scène se passe à Phlionte (nord-est du Péloponnèse), dans le cercle pythagoricien qu'y avait fondé Eurytos de Tarente, lorsqu'il vint en Grèce (peut-être en même temps que Philolaos, fondateur à Thèbes d'une semblable confrérie) après la révolution qui faillit anéantir l'Ordre dans l'Italie méridionale, vers la fin de la deuxième moitié du ve siècle.

2. D'Élis, au nord-ouest du Péloponnèse, où il fonda, après la mort du Maître, une école de philosophie.

3. Athènes, pour obtenir la paix de Minos, avait accepté d'envoyer en Crète, tous les neuf ans, sept jeunes garçons et sept jeunes filles, que dévorait le Minotaure au fond du Labyrinthe. Thésée s'offrit à faire partie du troisième tribut. Mais, arrivé à Cnossos, il obtient d'Ariane le fil qui le guidera dans le Labyrinthe, il tue le Minotaure, sauve ainsi ses compagnons et lui-même affranchit à jamais Athènes de l'abominable dette.

4. D'après Xénophon (*Mémorables*, IV, 8, 2.) ce fut tout un mois.

5. Le père de Critobule est Criton. Sur Hermogène, voir le *Cratyle*. Épigène, pour nous, n'est rien de plus qu'un nom. Sur Ctésippe, voir l'*Euthydème*. On le trouve dans le *Lysis* avec son cousin Ménexène, dont le nom figure en tête de nos dialogues. Les dialogues socratiques d'Eschine étaient renommés pour la beauté du style, plus que pour la profondeur de la pensée. Antisthène, le fondateur de l'école cynique, semble avoir été l'adversaire acharné de Platon.

6. Il n'y a pas de bonnes raisons pour supposer à l'absence de Platon un autre motif.

7. Les deux premiers, qu'on va retrouver tout à l'heure, sont pratiquement pour nous des inconnus. C'est donc s'avancer beaucoup que de les cataloguer Pythagoriciens, en dépit de 61 *d*.

8. Euclide est le fondateur de l'école éléatico-socratique de

Mégare. Le *Théétète* s'ouvre par un entretien de lui avec Terpsion.

9. Aristippe de Cyrène plaçait le Souverain Bien dans le plaisir. D'autre part, Égine passait pour être un endroit de plaisir : rapprochement dépourvu sans doute de signification. Sur Cléombrote, qui semble bien être un partisan d'Aristippe, il n'y a rien qui mérite d'être retenu.

10. Déjà Phédon, en ce qui concerne les Attiques, a donné à entendre que sa liste n'est pas complète.

11. Parenthèse assez mystérieuse. En tout cas il semble établi que le portrait traditionnel de la femme de Socrate vienne de la prédication cynique, qui avait fait d'elle le symbole de l'épreuve imposée par le mariage à l'impassibilité du Philosophe.

12. La réalité de ces poèmes est très douteuse.

13. Il y a impiété à faire fi d'un songe, puisque c'est une invitation des Dieux, souvent équivoque, à faire une certaine chose. Ici l'équivoque porte sur le mot *musique* : la suite éclaire parfaitement le passage.

14. Platon songe probablement moins à la fête, proprement dite, d'Apollon, en mai, qu'aux fêtes du pèlerinage à Délos, lesquelles avaient lieu en février-mars.

15. Toute la suite de ce morceau trahit une inspiration pythagoricienne, et, plus profondément encore, orphique. D'où la nuance d'« interdit », de « secret », qui colore à plusieurs reprises ces pages du *Phédon*, mais où Platon, au profit de la philosophie, lève partiellement l'« interdit » et laïcise le « secret ».

16. On attendait la fin du jour pour exécuter les condamnés.

17. La forme de l'impératif est en effet ici dans le grec une forme béotienne. L'expression correspond à peu près à la nôtre : « Le diable même y perdrait son latin ! »

18. Dès l'antiquité on hésitait sur le sens de ce mot. D'après le contexte il semble qu'il s'agisse d'un *parc à bétail*, le bétail étant d'esclaves. Le sens de *geôle* s'en rapprocherait. Mais, en comprenant *poste de garde*, on a bien de la peine à expliquer plusieurs détails de ce qui suit.

19. Les Dieux infernaux.

20. Que si cet espoir me faisait défaut. — La tradition alléguée est la tradition orphique.

21. En tant que nous sommes tes amis : « Entre amis, tout est commun », dit un précepte pythagoricien, souvent cité par Platon.

22. Les gens de Thèbes et, en général, les Béotiens, qui passaient, à Athènes, pour n'avoir pas l'esprit très délié. — Il est possible que dans tout le morceau, comme à 65 *a*, 67 *d*, 70 *bc*, Platon songe aux *Nuées* d'Aristophane, où les familiers de Socrate sont appelés

des *demi-morts* et sont finalement anéantis dans leur école incendiée.

23. Ou, avec un autre texte : « Qui ne trouve aucun agrément à en prendre sa part. » (cf. pour l'idée, 64 *b*).

24. Il est difficile de dire à quels poètes songe Platon, et les conjectures à ce sujet sont très hasardeuses.

25. C'est-à-dire non corporelles, ayant donc chacune sa réalité immuable, les formes intelligibles, ou Idées.

26. Absence *du pays où l'on vit*. Une tradition, alléguée dans l' *Apologie*, dans le *Criton*, dans le *Phèdre*, veut que Socrate n'ait jamais quitté Athènes, sinon pour participer à diverses expéditions militaires.

27. Proprement, dans ce qu'on appelait un *Discours sacré*, du genre de ce que nous ont gardé ces Tablettes d'Or qu'on a trouvées dans l'Italie du sud et en Crète et qui étaient pour les initiés de l'Orphisme une sorte de « Guide aux Enfers ».

28. Achille tue Hector pour venger son ami Patrocle, sachant qu'il doit, aussitôt après, rejoindre celui-ci dans la mort ; Orphée et Eurydice ; le troisième cas n'offre pas d'exemple bien sûr.

29. Ces croyances orphiques sont traitées par Platon très sérieusement ; et ce qu'il condamne dans *La République* (II, 364 *e* sq ; et cf. 363 *cd*), c'est l'exploitation de ces croyances par des charlatans.

30. C'est-à-dire que l'âme subsiste après la mort, avec l'activité pensante qui la caractérise : bref, ce que Cébès demande que l'on *fasse croire* à celui qui en doute. Simple *vraisemblance*.

31. Aristophane ? Plus probablement un autre comique, Eupolis, dont un fragment dit : « Je hais Socrate, le mendiant bavard... »

32. Ce qui marque un commencement d'acte et la naissance d'un état nouveau.

33. L'image est celle du coureur ou de l'attelage qui, pour faire le tour *entier* du Stade, doivent *contourner* la borne. Les Orphiques parlaient de la *roue des générations*, cycle des naissances et des morts.

34. Zeus avait imposé ce châtiment au pâtre Endymion pour le punir, ayant été admis dans l'Olympe, d'avoir été trop entreprenant auprès d'Héra (Junon).

35. C'est ce chaos primitif universel que l'Esprit divise ensuite (cf. 97 *b* sqq.).

36. Cf. principalement *Ménon*, 80 *d* sqq., mais aussi *Théétète* (la « maïeutique ») et *Phèdre* (l'expérience transcendante de l'âme)·

37. Formule qui caractérise excellemment la « dialectique » platonicienne, fondée sur le progrès réglé du « dialogue ».

38. Que nous *re*-naissons, c'est-à-dire que notre âme retombe dans le cercle des générations.

39. Cercueil, bûcher, tombe : ces deux modes de funérailles expliquent les expressions employées ensuite par Platon pour spécifier l'idée générale de dissolution.

40. Calembour intraduisible, fondé sur l'homonymie, d'ailleurs apparente, entre le nom du Dieu des Enfers et le mot grec que traduit « invisible ». Voir, là-dessus, *Cratyle* 400 *c*. Ce qui suit se rapporte à la croyance en une sagesse privilégiée des Divinités infernales.

41. Comparer surtout *Phèdre*, 248 *c-e*, texte qui fait bien comprendre ce qu'est le retour à la nature divine.

42. Pénélope, dans l'*Odyssée*, défait la nuit son travail du jour. Au contraire, l'âme qu'envisage Platon retisse, dans les ténèbres d'une vie sensuelle, les liens qu'avaient détissés la philosophie au grand jour de la pensée, réfléchissant sur elle-même, c'est-à-dire sur l'intelligible.

43. Apollon ; voir la suite.

44. Pandion, roi d'Athènes, avait deux filles, Procnè, qu'il avait mariée au roi de Thrace, Térée, et Philomèle. Cette dernière, ayant été violée par son beau-frère, réussit, bien qu'on lui eût fait couper la langue, à en informer sa sœur. Toutes deux se concertèrent alors pour faire manger à Térée le corps de son fils Itys. A la suite de quoi, Procnè est métamorphosée en hirondelle, Philomèle en rossignol et Térée en huppe.

45. Cf. *Apologie*, 23 *c*.

46. Ce mot signifiant en grec ce que nous appelons une *symphonie* il serait plus exact de parler d'*accord*. Mais la traduction de 95 *a* devient alors bien difficile.

47. C'est-à-dire « comme nous autres Pythagoriciens ». Cf. en effet la remarque d'Échécrate à 88 *d*.

48. Non pas, je pense, *de jouer avec* ma chevelure. Phédon est un Péloponnésien et, à la mode de son pays, il porte les cheveux longs, ce qui, à Athènes, n'est admis que pour les tout jeunes gens. Or, Phédon est déjà, selon toute apparence, un homme mûr, bien près, après la mort de Socrate, d'ouvrir dans sa patrie, si ce n'est même déjà fait, son école de philosophie.

49. En signe de deuil. Quand ensuite Socrate parle de couper la sienne, le trait d'*humour* est évident.

50. Les Spartiates ayant enlevé aux Argiens une de leurs villes, ceux-ci jurèrent de ne plus laisser repousser leurs cheveux, jusqu'au jour de la revanche.

51. La légende intéresse à la fois la lutte d'Hercule contre l'hydre de Lerne et les amours de Zeus avec Alcmène, la femme d'Amphitryon, desquelles est né Hercule. Celui-ci allait échouer

dans sa lutte, ayant été attaqué en même temps par un énorme crabe, que la rancune de la jalouse Héra avait suscité contre lui. Son compagnon (son neveu ?) Iolaos le tira d'affaire. — « Pendant qu'il fait jour encore », puisque, à la chute du jour, Socrate devra boire la ciguë².

52. « Ceux qui haïssent le *logos*, la parole rationnelle ». Cf. *Rép.*, III, 411 d.

53. L'Euripe est l'étroit chenal qui sépare la Béotie de l'île d'Eubée : le courant y change, disait-on, sept fois chaque jour. — Quant aux gens auxquels Platon fait allusion ici, ce sont évidemment des partisans du flux perpétuel, du discours comme des choses, donc des Héraclitéens. Mais, puisqu'ils pratiquent la « controverse », l'*antilogie*, ce sont aussi des Sophistes de l'école de Protagoras : deux groupes souvent rapprochés par Platon (cf. par exemple *Cratyle*, 385 e sq., 401 d, 440 a-c ; *Théétète*, 160 d, 179 e sqq.).

54. « Qui aime la sagesse », « qui aime à avoir le dessus » est, dans les deux cas, exprimé en grec par un mot composé qui, pour le premier, est « philosophe ».

55. Avec un autre texte, le sens pourrait être : « cette *ignorance* ne durera pas longtemps pour moi ».

56. En donnant son adhésion à la doctrine de la réminiscence.

57. Comparer *La République*, IV, 429 b-d.

58. Vers que Platon cite assez souvent : *Odyssée*, XX, 17.

59. D'après la légende, Harmonie, fille d'Aphrodite et d'Arès, était la sœur de ce Dragon qui tua Cadmos et dont les dents, semées dans la terre, donnèrent naissance à des hommes. Se rappeler que Simmias et Cébès sont tous deux de Thèbes.

60. Si l'on pouvait, sans équivoque, décalquer les termes grecs, on traduirait : *Histoire naturelle*, le mot *histoire* signifiant ici, à la fois, la recherche et l'information qui en résulte : c'est ce qui, par la suite, s'est appelé *Physique*, avec une signification beaucoup plus étendue que la signification actuelle.

61. C'est une doctrine assez répandue chez les anciens philosophes que les animaux naissent du limon terrestre échauffé par le soleil : double altération et du froid par le chaud, et du chaud par le froid. Peut-être est-ce Archélaos d'Athènes, lequel passe pour avoir été le premier maître de Socrate, qui est visé ici.

62. Empédocle.

63 . Diogène d'Apollonie.

64. Héraclite.

65. Alcméon de Crotone.

66. Citation libre du fr. 12. Cf. *Cratyle*, 413 c.

67. La deuxième opinion semble avoir été celle des Pythago-

riciens et de Parménide. Mais la plupart des Physiciens se repré
sentaient la terre comme la section supérieure d'un cylindre.

68. Cette position centrale paraît avoir été attribuée parfois au
soleil. Mais cela apparaissait comme un paradoxe et même une
hérésie. L'hypothèse du « feu central » n'a pas empêché les Pythagoriciens de placer la terre au « foyer » du monde ; cf. 109 *a* et
Phèdre, 246 *e* sq.

69. Il s'agit, bien entendu, des planètes et de leurs *tropiques* : ce
qui, pour le soleil se nomme les *solstices*.

70. Comparer *Timée*, 46 *de*, et *Lois*, X, 897 *ab*.

71. La première opinion appartient à Empédocle ou à Diogène
d'Apollonie ; la seconde, à Anaximène, à Anaxagore, à Archélaos.

72. L'*ob-ligation* est ce qui nous lie. Même calembour dans
Cratyle, 418 *b*, *e*. Cf. aussi *Banquet*, 202 *e*, sur le rôle de liaison
cosmique attribué aux Démons et, par suite, à l'Amour le plus
grand de tous.

73. Proprement : « un second mode de navigation » pour remplacer celui qui n'a pas réussi : ainsi remplacer, faute de vent, la
navigation à la voile par la navigation à la rame ; donc un *pis-aller*.
Mais il se peut que, par faveur divine, ce pis-aller nous mène au
port plus sûrement que des méthodes, plus séduisantes en tant
qu'elles sont plus ambitieuses. La métaphore nautique répond
peut-être ici à celle de Simmias, dont Socrate semble évoquer les
paroles, 85 *cd*.

74. Comparer *Rép.*, VII, 515 *e* sqq. (Mythe de la caverne).

75. A la réalité du Beau, si sa qualité est d'être belle ; de la
Grandeur, si c'est comme grande qu'on la détermine, etc.

76. Le motif de l'effroi, qui vient à quatre reprises dans le morceau précédent, est enfin sublimé dans cette forme extrême de la
peur.

77. Cf. 100 *a* sq. : ce qui, techniquement, s'appelle l'*hypothèse*
et n'implique nullement l'idée de conjecture, qui est liée à notre
usage moderne de ce mot. « Thèse » donne bien le sens, puisque
c'est proprement une position, pourvu qu'on se rappelle que cette
position est une *base* pour des démarches ultérieures de la pensée.
Comparer *Rép.* VI, 510 *a*, et VII, 533 *b-d*.

78. Le Beau-en-soi, le Grand-en-soi, qui ne sont que ce qu'ils
sont, dans l'unicité de leur nature, de ce qui, techniquement,
s'appelle leur *Forme* ou, traditionnellement, leur *Idée* : ce dernier
terme, simple décalque du terme grec que traduit *forme*, ne fait
pas néanmoins contresens, puisque la forme dont il s'agit est une
essence *intelligible*. Les choses de l'expérience *sensible* sont seulement « homonymes » à ces natures uniques, et, pour elles, exister

individuellement, c'est avoir part éventuellement à ces réalités permanentes.

79. Ou bien, avec ses oppositions balancées, de faire « des effets de style ».

80. Ce qui dépasse ou est dépassé c'est Phédon, c'est Simmias, mais non en tant que Simmias et que Phédon, mais en tant que comparés *accidentellement* l'un à l'autre.

81. Participation.

82. C'est-à-dire dans la réalité intelligible, par opposition à la Nature de l'expérience sensible, comme dans *Rép.*, X, 597 *b*.

83. Qualifiant les sujets, l'un comme grand, l'autre comme petit, en tant que celui-ci participe de la Petitesse et celui-là de la Grandeur.

84. Le feu, la neige ne sont ni le chaud ni le froid ; mais ils ont l'un la « forme » du chaud, l'autre, celle du froid.

85. C'est-à-dire : qu'il s'agisse de l'application de 3 à des hommes à des chevaux, à des navires, etc.

86. Toute fraction à dénominateur pair comme 3 : 2, porte en soi le Pair, en dépit de son numérateur, tandis que 1 : 3 ou 2 : 3 seront des fractions portant en elles l'Impair. C'est ainsi que, tandis que 5 est un impair, la moitié de 10 sera paire. D'autre part, double et moitié qui ont en eux, l'un et l'autre, le Pair, sont cependant en un sens des contraires. à titre de Pair (la moitié) et d'Impair (l'entier unité).

87. L'objection est celle du sens commun contre l'hypothèse (esquissée 105 *e* sq.) d'un feu qui ne s'éteindrait jamais, d'un 3 qui ne pourrait être remplacé par un 2 ou un 4. Mais Socrate ne le conteste pas en ce qui concerne *ce* feu ou *ce* 3. Un seul cas fait exception : celui de l'attribution à l'âme de la qualité de non-mortelle, parce que l'âme a « vivant » pour attribut essentiel et que « mortel » en est le contraire. Donc il ne suffit pas de dire, avec Cébès, qu'une âme peut survivre à plusieurs morts physiques ; il faut dire qu'elle ne périt jamais. L'âme donc le seul sujet *concret* auquel appartienne le privilège des sujets *idéaux* (le Feu en soi, le Trois en soi), celui de ne jamais perdre leur attribut essentiel (le Chaud, l'Impair), et par conséquent de ne jamais périr. L'âme est en effet *apparentée* aux Idées, aux natures simples absolues (cf. 79 *de*), tandis que les autres réalités concrètes n'existent que par *participation* à ces natures absolues.

88. Cf. *Rép.*, X, 608 *d* sqq., principalement 610 *d*.

89. A rapprocher, bien entendu, des mythes analogues du *Gorgias*, du Xe livre de *La République* et, incidemment, du *Phèdre*, tous relatifs à la destinée *finale* (en grec *eschatos*) des âmes.

90. Fils d'Hercule, héros d'un drame perdu d'Eschyle.

91. Hécate est le nom que porte Artémis (Diane) sous son aspect infernal. Déesse des carrefours, elle y avait des autels sur lesquels, à Athènes, on déposait des offrandes aux morts. Mais, avec un autre texte, on traduirait « des circuits ». — Les Tablettes d'Or des Orphiques répondent à la même idée.

92. Puisque toute sa vie terrestre a été un apprentissage de la mort et une méditation des bienfaits qu'on en peut attendre, quand on a bien vécu.

93. Il y a, au contraire, des homicides qu'elle exige ; cf. 113 *e*.

94. Probablement sans délai (*Rép.*, X, 619 *e*), quoique après une triple démonstration de son excellence (cf. *Phèdre*, 248 *e* sq.). Les « purgatoires », plus ou moins prolongés, sont réservés aux méchants.

95. C'est peut-être tout simplement une façon ironique de présenter des opinions personnelles. Qu'elles ne sont pas d'origine pythagoricienne, c'est ce que tendrait à suggérer la remarque de Simmias. Toujours est-il qu'Aristophane dans les *Nuées* (188 sqq., 206 sqq.) montre les disciples de Socrate occupés à étudier le dessus et le dessous de la terre ; mais il est difficile de faire leur part, soit à la déformation caricaturale, soit à la généralisation abusive.

96. Proverbe dont la signification est incertaine. A peu près : « ce n'est pas la mer à boire ! »

97. Comme l'air chez Anaximène ou l'eau chez Thalès.

98. En raison de sa sphéricité.

99. Le bassin de la Méditerranée, de la partie orientale de la mer Noire (Pont Euxin) jusqu'au détroit de Gibraltar.

100. Le mythe de la Caverne (*Rép.*, VII) est une forme plus élaborée et plus précise d'une image analogue.

101. Cf. *Phèdre*, 246 *d* sqq., 249 *c*, 251 *bc*, 256 *b*.

102. Cf. *Rép.*, X, 611 *c-e*, le mythe de Glaucos le marin.

103. La comparaison avec les balles faites de douze pièces de cuir assemblées rappelle que le monde entier a reçu de l'Ouvrier divin (le *Démiurge*) la forme d'un dodécaèdre, c'est-à-dire d'un polyèdre fait de 12 pentagones dont les surfaces, convenablement courbées, donnent au polyèdre la forme d'une sphère (*Timée*, 55 *c*). D'autre part, le Zodiaque (qui d'ailleurs n'a rien à faire ici) comprend douze constellations. Quant aux couleurs, on notera que, dans le Xe livre de *La République* (616 *e* sq.), Platon donne une couleur particulière à chaque cercle céleste et qu'il qualifie de « bigarré » celui qui les enveloppe tous. Enfin le *Timée* (67 *e* sqq.)

semble distinguer douze couleurs fondamentales : trois seulement
de ces couleurs sont nommées ici.

104. Celles de la terre supérieure, qui tranchent les unes sur les
autres et font une bigarrure *discontinue*, justement comme celle
des balles faites de pièces colorées ou d'un costume d'Arlequin. Au
contraire, dans un milieu chargé de vapeurs, les contours s'effacent
et la bigarrure devient continue.

105. Les Iles des Bienheureux.

106. Les enclos consacrés à une Divinité ou à un Héros. Mais,
avec une autre leçon, on comprendra « des *demeures* pour les
Dieux ».

107. Platon dira (114 *bc*) à qui il est réservé d'habiter ce Paradis
qui n'est terrestre qu'en un sens sublimé, mais qui du moins n'est
pas franchement céleste comme était celui des Pythagoriciens.
Noter aussi qu'il s'agit d'un Paradis *actuel*, et non pas actuellement
révolu, comme est l'Age d'or.

108. Si je comprends bien, cette distribution circulaire des
régions souterraines signifie que la terre, sphérique dans son
ensemble, comporte en réalité trois sphères : l'une porte des pointes
dressées dans l'air et vers l'éther, qui sont les Iles des Bienheureux ;
l'autre (la terre moyenne), faite de creux; la troisième, faite d'abîmes
qui prolongent les creux.

109. Cette communication n'est pas directe, mais elle se fait
par le « trou » central, le Tartare, qui traverse la terre de part en
part.

110. Platon dit « des cratères », ces vases où l'on mêlait l'eau et le
vin dans lesquels chaque convive puisait avec sa coupe.

111. *Iliade*, VIII, 14 et 481.

112. A partir du centre, les rayons de la sphère *montent* en
quelque sorte vers la périphérie. Donc, de même que le flot ascendant ne peut dépasser la surface des dépressions où coulent nos
fleuves, il ne peut non plus descendre au-delà du centre, sans que
la descente devienne alors une montée.

113. La doctrine hydrographique du *Phédon* exige qu'Océan
soit à la fois un fleuve souterrain et, ce qu'il est seulement dans la
géographie d'Homère, un fleuve superficiel. A noter cependant que,
d'après Hésiode, le Styx est un bras infernal de l'Océan.

114. C'est-à-dire « le Lugubre ».

115. C'est-à-dire « le Brûlant-de-Feu ». Ce qui suit semble indi-
quer que les volcans sont, pour Platon, des bouches superficielles
de ce fleuve souterrain.

116. Le *cyanos* : d'une façon générale, une substance d'un bleu
sombre. — Le Styx est « le Glacé », ici lac et non fleuve.

117. « Le Fleuve-de-Lamentation ».

118. Se rappeler Charon, le « nocher des Enfers ».

119. De toute façon, c'est un « purgatoire », puisqu'il y a d'autre part un « enfer ». dont il va être maintenant question, et un « paradis ».

120. Cette conception, qui est aussi celle du *Gorgias* et du X⁰ livre de *La République*, n'est plus celle du *Phèdre*, 248 *c* sqq.

121. Par opposition à ceux qui ont été vertueux par instinct et faveur divine, sans philosophie : cf. 82 *ab* et *Rép.*, X, 619 *cd*.

122. Vraisemblablement les astres, qui sont *(Timée)* la patrie originelle des âmes. Mais peut-être est-il difficile, en bonne doctrine platonicienne, qu'il y ait des âmes entièrement séparées : ce n'est le cas ni des âmes des Astres-dieux, ni de l'Ame du Monde, qui sont pourtant les plus éminentes des âmes. La libération dont il est ici question concerne donc sans doute seulement le corps grossier, celui qui est pour la pensée une entrave.

123. Dans ce morceau final on retrouve l'inspiration de la première partie et plusieurs de ses thèmes essentiels, y compris, en terminant, celui du suicide.

124. Ce dernier est Lamproclès, dont le nom a été illustré par Xénophon dans un chapitre de ses *Mémorables* (II, 2) ; cf. aussi *Apol.*, 34 *d*. Les deux petits s'appelaient Sophronisque (comme son grand-père paternel) et Ménexène.

125. Des parentes seulement, semble-t-il. Il serait étonnant, si Xanthippe était là, qu'elle s'abstînt des manifestations bruyantes de 60 *a*.

126. Dans la pièce qui a été, depuis le début, la scène de l'entretien. Le texte traditionnel porte en outre « après s'être baigné » ; mais à quoi bon cette notation ? Elle semble être la remarque marginale de quelque lecteur, introduite par un copiste dans le texte.

126. Vraisemblablement il ne s'agit pas des Magistrats, mais des accusateurs et des gens qui les ont inspirés.

127. C'est-à-dire, sans doute : nous ferons tous nos efforts pour supporter, sans récrimination, ce qui est fatal.

128. C'est une conjecture de Criton : s'il fait encore un peu jour dans la prison, c'est que le soleil n'est pas encore tout à fait couché et que ses derniers rayons colorent les pentes de l'Hymette, à peu près à l'opposé du couchant.

129. Rapprocher *Ménon*, 80 *a* ; *Le Banquet*, 115 *ab*, 216 *cd*, 221 *b* ; *Théétète*, 183 *e*, Socrate a de gros yeux, à fleur de tête et qui, sans se tourner, voient de côté. Le regard en dessous s'apparente à l'ironie : feindre malicieusement d'ignorer ce qui fait l'objet de la question.

130. « Celui qui avait donné le poison » : ces mots, qui figurent dans nos manuscrits, sont une glose si évidente que j'ai cru pouvoir les éliminer de la traduction.

131. Il est possible que ceci se rapporte à un vœu fait dans une circonstance déterminée. En tout cas, si vivre dans un corps est un mal pour l'âme, le fait d'en être guéri par la mort justifie cette gratitude à l'égard du Dieu guérisseur, Esculape, qui a enfin réalisé ce qui a été le vœu de toute la vie du philosophe.

DU MÊME AUTEUR

Aux Éditions Gallimard

François Châtelet : PLATON.

Traductions de Platon déjà parues :

LE BANQUET.

DIALOGUES SOCRATIQUES (Alcibiade, Charmide, Lachès. Euthyphron, Ménon).

PROTAGORAS OU LES SOPHISTES — GORGIAS OU SUR LA RHÉTORIQUE.

Bibliothèque de la Pléiade

ŒUVRES COMPLÈTES, I-II.

Impression Bussière à Saint-Amand (Cher),
le 26 avril 1991.
Dépôt légal : avril 1991.
1ᵉʳ dépôt légal dans la collection : janvier 1985.
Numéro d'imprimeur : 1355.
ISBN 2-07-032286-6./Imprimé en France.